Samir Amin

사미르 아민 / 최일성

<컴북스이론총서>는
현대를 호흡하는 사상가들을 소개합니다.
단순한 사상의 축약, 해제가 아닙니다.
해당 사상가를 연구해 온 전문가가 직접
사상가의 핵심 키워드 10개를 뽑아 해설하고 비평합니다.
인간과 비인간, 현실과 가상, 문화와 야만의
경계를 넘나드는 모든 사상을 싣겠습니다.
오늘을 살아가는 모든 이의 나침반이 되겠습니다.

컴북스이론총서

사미르 아민

최일성

대한민국, 서울, 커뮤니케이션북스, 2024

사미르 아민

지은이 최일성
펴낸이 박영률

초판 1쇄 펴낸날 2024년 9월 4일

커뮤니케이션북스(주)
출판 등록 제313-2007-000166호(2007년 8월 17일)
02880 서울시 성북구 성북로 5-11
전화 (02) 7474 001, 팩스 (02) 736 5047
commbooks@commbooks.com
www.commbooks.com

ISBN 979-11-288-9960-7 04300

책값은 뒤표지에 표시되어 있습니다.

사미르 아민의 정치사상

사미르 아민(Samir Amin, 1931～2018)은 세계자본주의 체제(capitalisme mondiale)를 비판한 대표적 마르크스주의 정치경제학자다. 1957년 주변부의 저발전 문제를 파헤친 논문으로 파리대학교에서 박사 학위를 받았다. 아민의 학문적 관심은 세계자본주의 체제가 중심부와 주변부의 양극화를 초래했을 뿐 아니라 이들 사이 지배와 종속, 착취와 침탈의 관계를 더욱 심화했다는 사실에 근거한다. 아민은 세계자본주의 체제가 주변부를 근대화하고 중심부를 따라잡게 할 것이라는 서구의 근대화론이 자의적이고 신화적인 '유럽중심주의(eurocentrisme)'에 지나지 않는다고 신랄하게 비판한다.

유럽중심주의

통념상 유럽중심주의는 유럽인이 만든 유럽 중심의 세계관을 일컫는다. 그러나 그것은 그저 단순한 유럽 중심 세계관이 아니다. 자본주의의 기원을 유럽에서 찾으며 그 과정을 인류의 보편사로 등재하기 위한 정치·경제·사회·문화적 역학이 배후에서 작동하고 있기 때문이다. 이를 바탕으로 유럽중심주의는 인류 문명사에 '영원한 유럽', '보편적 유럽'이라는 이데올로기를 정초하려는 자의적이고 신화적인 시도와 긴밀하게 결탁한다. 유럽중심주의는 항상 '타자' 혹은 '주변부'의 자의적이고 신화적인 구성을 강요한다. 또한 주변부가 자본주의 체제를 받아들이면 유럽의 기적을 '따라잡을' 수 있다는, 요컨대 주변부도 그렇게 할 수 있고 그렇게 해야만 한다는 단일하고 불가결한 진화론적 역사관을 주장한다.

아민은 유럽중심주의에 다음과 같은 작위적 이데올로기가 내재해 있다고 주장한다. 첫째, 오래전 유럽 문명에 이미 자본주의 체제의 기원이 맹아 형태로 존재했다는 '자본주의 유럽기원론'이다. 이 주장은 자본주의가 마치 유럽의 창조물인 양, 유럽이 자본주의 체제를 만들어 낸 주체고 나아가 그러할 수밖에 없었다는 목적론으로 표출된다. 게다가 아민이 지적하듯 이러한 목적론은 '이성'에 토대한 '고대 그리스' 문명이 유럽 문화의 뿌리라거나, 그곳에서 유래한 민주주의나 과학적 합리성 등이 유럽의 발명품이라는 신화를 통해 보강된다. 이로써 고대 그리스 문명에 대한 동방 문명(메소포타미아, 이집트, 아랍 등)의 기여는 완벽하게 삭제된다.

둘째, 자본주의 체제가 유럽의 인종적 우월성과 문화(기독교)적 예외성에 뿌리를 둔다는 '유럽예외론'이다. 아민에 따르면 이 이데올로기는 그러한 특성들이 이른바 '유럽의 기적'을 낳았다는 신화로 완성된다. 아민은 이 '유럽예외론'을 목적론에 따른 허구적 가설로 파악한다. 유럽은 동방에 기원을 둔 그리스 문명을 유럽의 계보로 편입하기 위해 유전학적 인종주의에 토대한 '유럽/비유럽'의 구도를 창안했으며, 동방에서 탄생한 기독교를 자신의 것으로 삼기 위해 기독교와 여타 종교(특히 '이슬람교')의 관계를 '문명/비문명' 혹은 '과학/비과학'의 대립으로 재구성했다. 아민은 이러한 목적론이 '이성(그리스)'과 '신앙(기독교)'을 동시에 전유하려는 유럽중심주의의 자의적이고 신화적인 조작에 불과하다고 비판한다.

역사유물론

이 지점에서 아민은 카를 마르크스(Karl Marx)의 역사유물론이 과연 주변부의 역사 이론이자 해방 담론이 될 수 있을지 궁금해한다. 아민이 보기에 세계자본주의 체제는 지구상의 국가를 '동질화·균질화'하기보다는 오히려 극단적이고 불균등한 '양극화'로 내몰고 있다. 그럼에도 역사유물론의 지배적 사상 체계는 오늘날 지구적 차원에서 관찰되는 중심부와 주변부의 양극화 문제를 논제에서 가볍게 제외한다. 게다가 이러한 양극화는 주변부 국가의 '내부 요인'에서 비롯하므로 '민족자결의 원칙'에 따라 자본주의의 세계적 확산을 통해 해결될 것이며, 따라서 주변부의 중심부 '따라잡기(rattrapage)'는 실현 가능하다고 거리낌 없이 선언한다. 결국 마르크스의 역사유물론은 자본주의 비판이라는 본연의 임무에도 불구하고 빈곤 상태에 처한 주변부가 마치 '발전을 향해 이행 중'이라는 '발전주의' 담론과 유사한 성격을 띠게 되며, 나아가 주변부 국가가 지구화한 자본주의 체제에 더 빨리 통합될수록 유리하다는 유럽중심주의에 굴복하고 만다. 아민은 이 실패가 역사유물론이 주변부를 소외시킨 주요 원인이라고 주장한다.

따라서 아민은 역사유물론의 우선 과제가 유럽의 자본주의를 넘어 세계체제적 수준에서 관찰되는 자본주의를 분석 대상으로 삼는 데 있다고 역설한다. 유럽의 역사나 그 물질적 성취에 경도된 '중심부 자본주의'만을 모델로 삼는 대신 주변부를 포함한 세계체제적 자본주의가 발휘하는 파괴적 효과를 분석해야 하며, 중심부 자본주의를 분석하는 데 필요했던 '시장가치(valeur marchande)' 개념을 세계체제적 자본주의를 분석하는 데 필요한 '세계화한 가치(valeur mondialisée)' 개념으로 전환해야 한다는 것이다. 아민은 이러한 세계체제적 수준의 자본주의를 '현실자본주의(capitalisme réellement existant)'라고 명명하고, 그 본질적 성격으로 양극화를 든다.

공납제 생산양식

현실자본주의에 대한 아민의 문제의식은 곧바로 자본주의 이행 논쟁을 겨냥한다. 만일 오늘날 지구적 수준에서 관찰되는 자본주의가 유럽자본주의 혹은 중심부 자본주의(동질화·균질화)가 아니라 현실자본주의(양극화)라면, 역사유물론 역시 유럽자본주의로의 이행('따라잡기')이 아니라 현실자본주의(양극화)로의 이행을 설명해야 한다. 그런데 기존 역사유물론은 인류 문명이 '봉건제'를 거쳐 정상적이고 온전한 방식으로 '자본주의'로 이행했다는 유럽중심주의만 옹호할 뿐, 착취와 침탈로 점철된 '주변부 자본주의'의 형성 과정을 온전히 설명하지 못한다.

따라서 아민은 현실자본주의로의 이행을 설명할 수 있는 적절한 전(前) 자본주의 생산양식 개념을 마련하는 것이 역사유물론의 또 다른 과제라고 진단한다. 여기서 중요한 사항은 봉건제에서 유럽자본주의(중심부 자본주의)로의 이행이 어떻게 가능했느냐는 기존 질문이 아니라, 유럽에서는 공격적이고 팽창적인 자본주의가 발전했는데 주변부에서는 왜 그러지 못했느냐는 '비대칭성' 혹은 '불균등성'에 대한 질문이다. 아민은 '공납제 생산양식(mode de production tributaire)'을 재조명하면 이 질문에 대한 적절한 해답을 찾을 수 있다고 주장한다.

역사적 관점에서 유럽의 봉건제 사회는 중동, 인도, 중국과 같이 정치적으로 강력했던 중앙집권적 공납제 사회가 아니라 정치력이 제대로 작동하지 못했던 주변부 공납제 사회였다. 따라서 유럽은 상대적으로 뒤처졌지만 자본주의 세력을 차단할 만한 정치력을 갖추지 못했기 때문에 오히려 유연성을 지닐 수 있었고, 이 유연성 덕분에 자본주의로의 이행을 촉진할 수 있었다. 반대로 중앙집권적 중심부 공납제 사회는 자본주의로의 이행 과정을 강력하게 통제했고, 그 결과 자본주의 세력의 성장을 늦출 수 있었다. 아민은 공납제 생산양식의 성격 차이가 자본주의로의 이행 과정에 차이를 만들어 냈고, 궁극적으로 중심부와 주변부의 위상을 전도했다고 주장한다. 요컨대 중심부 공납제 사회는 주변부 자본주의 사회로, 주변부 공납제 사회는 중심부 자본주의 사회로 이행했다. 이러한 주장은 아민이 설계한 '불균등발전론(théorie du développement inégal)'으로 더욱 체계화된다.

근대성

아민은 이러한 분석을 토대 삼아 '근대성'을 학술적으로 재검토한다. 이 재검토는 근대의 시작으로 평가되어 온 르네상스, 종교개혁에 대한 재해석뿐 아니라 무슬림 사회의 근대화를 자처하며 등장한 오늘날의 '정치적 이슬람(islam politique)'에 대한 재평가를 포함한다.

유럽이 중세(공납제)를 마감하던 14~16세기는 재탄생을 의미하는 '르네상스'로 정의된다. 아민에 따르면 유럽중심주의의 본체는 근대에 대한 역사적 해석, 요컨대 르네상스에 앞서 자본주의를 규정하는 다양한 요소가 유럽사에 맹아의 형태로 내재해 있었다는 일종의 역사적 계보학이다. 유럽은 이러한 계보가 '기원으로의 회귀', 요컨대 유럽 문명의 기원으로 편입된 고대 그리스 문명(특히 '이성')

을 재해석하고 재탄생시킨 문화혁명의 결과였다고 선전한다. 이에 따라 유럽은 '그리스 선조론', 즉 자신이 고대 그리스 문명의 상속자라는 주장을 당연시하며, 르네상스를 통해 '자신의 기원으로 회귀'했다는 문화주의적 주장을 정론화한다.

또한 유럽은 '유럽의 기적'으로 묘사되는 근대성이 다른 곳이 아니라 유럽에서 창조되었다는 사실을 '기독교(문화)의 우수성'에 근거해 설명한다. 16세기 '종교개혁'에 대한 평가가 여기서 비롯한다. 예컨대 막스 베버(Max Weber)는 자본주의를 기독교에 대한 종교적 재해석의 결과로 해석하며, 종교개혁 덕분에 자본주의적 근대성이 가능했다고 주장한다. 이러한 논리에 근거해 유럽은 종교개혁 시기를 '근대'로 정의하며, 그 일련의 역사가 신(종교)에 구속되었던 인간(이성)을 해방하고 필연적으로 자본주의로의 도약을 예비했다는 '근대성' 가설을 정초한다.

그러나 아민은 이러한 문화주의적 해석이 기만이라고 평가한다. 왜냐하면 근대는 유럽사의 연속성보다는 오히려 '단절'을 입증하는 것처럼 보이기 때문이다. 근대성은 이전 모든 사회에 존재했던 지배적 관념, 즉 우주와 인간을 창조한 신(종교)이 역사의 주체라는 관념과 단절하고 인간이 역사의 주체라는 관념을 확립했다. 아민은 유럽이 어떻게,

그리고 왜 이러한 단절을 수행했는지 묻는다. 그리고 그 해답을 역사유물론적 가설인 자신의 '불균등발전론'에서 찾는다. 이 이론에 따르면 르네상스나 종교개혁은 공납 권력의 부재라는 중세 유럽 사회의 고유한 모순이 자본주의로의 이행을 이끌었음을 보여 주며, 자본주의 이데올로기의 출현을 억제할 수 있는 국가(공납제) 이데올로기가 광범하게 붕괴하기 시작했음을 입증한다. 따라서 당시까지 주변부에 지나지 않던 유럽의 후진성이 자본주의의 출현을 재촉한 것이지, 르네상스나 종교개혁으로 표출된 문화의 변화가 사회의 실제적 변화를 가져온 것이 아니라는 논리가 성립한다.

하지만 무슬림은 유럽중심주의가 선전해 온 문화주의적 주장을 토대로 근대성을 정의했고, 이러한 정의를 바탕으로 19세기 '나흐다(*Nahda*)'라고 불리는 이슬람 르네상스를 기획했다. 그러고는 해당 르네상스의 기원에 이슬람교(종교)라는 문화적인 가치를 채워 넣었다. 오늘날 무슬림 사회의 근대화를 선언하며 등장한 '정치적 이슬람' 역시 과거와의 단절을 모색하기보다는 완벽한 신정정치(종교) 모델로의 회귀를 추구한다. 그 결과 인간의 이성에 대한 불신이 지속되고, 의례와 같은 형식주의적 요소가 더욱 큰 의미를 부여받는다. 그런데 정치적 이슬람의 이러한 문화주의적 태도는 환원 불가능한 문화적 특수성이 역사적 여정을 결정한다는 유럽중심주의와 그 맥락을 공유한다. 따라서 아민은 정치적 이슬람의 신정정치적 기획이 단순히 '전도된' 형태의 유럽중심주의에 지나지 않는다고 비판한다.

아민은 만일 인류가 유럽의 역사적 특수성을 인식한다면, 유럽이 발전시킨 세계자본주의 체제가 영원하지 않을 것이라고 가정한다면, 그러한 자본주의 체제가 인류를 통합하기보다는 분열시켰다는 사실(현실자본주의)을 인식한다면 진정 보편적인 역사 서술이 가능하다고 주장한다. 이어 주변부 민중의 해방을 위한 역사적 대안, 즉 세계자본주의 체제와의 '절연(déconnexion)'을 제안한다. 이제 인류는 아민과 함께 새로운 논쟁에 돌입한다. 그 논쟁은 유럽중심주의에 대한 아민의 비판은 물론 그가 정초하려는 새로운 역사유물론에 대한 평가를 아우른다.

참고문헌

Amin, S.(1970). *L'accumulation à l'échelle mondiale.* Anthropos.

Amin, S.(1973). *Le Développement inégal.* Minuit.

Amin, S.(1977). *La loi de la valeur et le matérialisme historique.* Minuit.

Amin, S.(1988). *L'eurocentrisme: Critique d'une idéologie.* Anthropos.

Amin, S.(2008). *Modernité, Religions et Démocratie: Critique de l'eurocentrisme, Critique des culturalismes.* Parangon.

Amin, S.(2011). *La loi de la valeur mondialisée.* le Temps des cerises & Éditions Delga.

차례

사미르 아민의 정치사상 v

01 유럽중심주의 1

02 현실자본주의 9

03 역사유물론 17

04 세계체제론 27

05 공납제 35

06 봉건제 45

07 근대성 55

08 르네상스와 종교개혁 63

09 정치적 이슬람 75

10 절연 85

일러두기

- 인명, 작품명, 저서명, 개념어 등은 한글과 함께 괄호 안에 해당 국가의 원어를 병기했습니다.
- 외래어 표기는 현행 어문규정의 외래어표기법을 따랐습니다.

01
유럽중심주의

통념상 유럽중심주의는 유럽인이 만든 유럽 중심의 세계관을 일컫는다. 하지만 그것은 그저 단순한 유럽 중심 세계관이 아니다. 오히려 유럽 문명사를 전 인류의 보편사로 등재하려는, 따라서 정치·경제·사회·문화·역사적 역학이 배후에서 은밀하게 작동하는 자의적이고 신화적인 세계관이다.

개념적 정의

'유럽중심주의'라는 표현은 아민이 1970년 저술한 ≪세계적 규모의 자본 축적(L'accumulation à l'échelle mondiale)≫에서 처음 제시했다고 알려져 있다. 국내 학계는 용어상 '유럽중심주의'와 '서구중심주의(westerncentrism)'를 다소간 혼용하는 추세다. 전자가 유럽에서 전개된 자본주의의 기원과 그 역사에 초점을 맞춘다면, 후자는 오늘날 패권을 장악한 서구 문화권(특히 미국)의 압도적 영향력을 강조한다는 점에서 근본적 차이가 있다.

아민에 따르면 유럽중심주의는 유럽인이 만든 유럽 중심의 세계관을 일컫는다. 그러나 그것은 그저 단순한 유럽중심 세계관이 아니다. 자본주의의 기원을 유럽에서 찾으며 그 발전 과정을 인류 문명의 보편사로 등재하기 위한 전 지구적 차원의 정치·경제·사회·문화·역사적 역학이 배후에서 작동하고 있기 때문이다. 따라서 유럽중심주의는 인류 문명사에 '영원한' 유럽, 혹은 '보편적인' 유럽이라는 지배 이데올로기를 정초하려는 자의적이고 신화적인 시도와 긴밀하게 연결된다.

유럽중심주의에는 다음과 같은 두 가지 핵심 가설이 내재해 있다. 먼저 자본주의가 유럽 문명사에 뿌리를 둔다는

'자본주의 유럽기원론'이다. 자본주의가 오래전부터 맹아의 형태로 유럽 문명에 내재해 있었다는 주장이다. 이러한 논리에서 '고대 그리스 문명'이 유럽 문명의 뿌리라거나, 그 문명에서 유래한 민주주의나 과학적 합리성 등이 자본주의로 이어졌다는 신화가 도출된다. 이 신화는 자본주의 자체가 마치 유럽의 창조물인 양 지난 500년간 자본주의 체제로의 이행이라는 세계사적 혁명을 만들어 낸 주체가 유럽이고, 나아가 유럽만이 그러한 일을 할 수 있었다는 목적론적 시각으로 완성된다.

그런데 아민이 보기에 '유럽기원론'은 자의적이고 신화적이다. 여러 학자가 논박하듯 자본주의 생산양식이나 그에 대한 인식이 형성된 것은 비교적 최근의 일이기 때문이다. 게다가 고대 그리스인은 자신이 동방 문화권(특히 메소포타미아, 고대 이집트 문화권 등)에 속한다는 사실을 완벽하게 인지했고, 이러한 사실은 이미 과학적으로도 입증되었다. 그럼에도 유럽인은 고대 그리스 문명과의 신화적 연속성을 확립하기 위해 '인도·유럽어족'과 '셈어족' 사이 문화적·인종적 대립을 기획하고, 전자의 완벽함과 후자의 미숙함을 대비하면서 고대 그리스의 탈(脫)레반트(Levant)화, 요컨대 동방의 뿌리를 거부하고 서구 문화로의 편입을 기획한다. 이러한 논리로 유럽인은 인본주의적

이면서 과학적인 '서구철학'과 형이상학적 지식에 매몰된 '동방철학'의 대립을 강요한다. 이에 따라 그리스 문명(헬레니즘)에 대한 동방의 기여는 완벽하게 삭제되며, 그 대신 유럽성이 덧입혀진 고대 그리스 문명이라는 허구적 신화가 완성된다.

둘째, 자본주의적 근대화가 유럽의 우월성 또는 예외성에서 비롯했다는 '유럽예외론'이다. 아민에 따르면 이 가설은 특히 문화(기독교)적 예외성이라는 이데올로기에 크게 의지한다. 이 예외성이 '유럽의 기적'이라고 불리는 자본주의적 근대화를 견인했다고 선언된다. 그런데 아민에 따르면 유럽 문명의 기독교 편애는 인종주의와 동일한 목적론을 공유한다. 기독교는 본래 유럽에서 출현한 종교가 아니었기 때문에, 유럽은 인종적 대립처럼 기독교와 여타 종교(특히 '이슬람교')의 관계를 '문명/비문명' 혹은 '과학/비과학' 등 대립적 관계로 재정의할 필요가 있었다. 이러한 재정의를 바탕으로 유럽은 '문명'이나 '과학' 등으로 정의되는 자본주의의 맹아가 기독교에 이미 내재해 있었다는 문화주의적 주장을 체계화한다.

이 두 이데올로기적 구성물, '자본주의 유럽기원론'과 문화적·기독교적 '유럽예외론'은 고대 그리스 문명을 유럽의 문화적·인종적 계보에 통합하고 동방에서 기원한 기독교를 유럽의 특별하고 절대적인 요소로 칭송하는 데 반드시 필요한 요건이다. 아민은 이러한 목적론이 '이성(그리스)'과 '신앙(기독교)'을 동시에 전유하려는 유럽중심주의의 기획에서 비롯한 인위적 조작에 불과하다고 비판한다.

근대화론

자의적이고 신화적인 유럽중심주의는 필연적으로 '타자' 혹은 '주변부'에 대한 자의적이고 신화적인 구성을 강요한다. 이는 주변부가 자본주의를 받아들이면 유럽의 역사를 따라갈 수 있다는, 요컨대 유럽이 봉건제에서 자본주의로 이행한 것처럼 주변부도 그렇게 할 수 있고 그래야만 한다는 단일하면서도 불가피한 진화론적 역사관인 '근대화론'으로 이어진다. 아민은 유럽과 동방 사이 대립적이고 연속적인 이미지가 유럽중심주의의 본질이라고 폭로한다. 이러한 이데올로기의 완성체를 통해 유럽이 타자(특히 '동방')를 대변하고, 심지어 이들을 판단할 권리를 누린다고 비판한다.

그런데 자본주의의 세계적 팽창은 주변부를 중심부와 유사한 수준으로 동질화·균질화하기보다는 오히려 양극화로 내몬다. 이러한 현실에도 불구하고 자본주의 체제 비판의 선봉장이 되어야 할 역사유물론의 지배적 사상 체계조차 오늘날 전 지구적 차원에서 관찰되는 중심부와 주변부의 양극화를 분석 대상에서 간단히 제외하며, 나아가 이 양극화가 일시적 현상일 뿐이라는 유럽중심주의를 거의 맹목적으로 수용한다.

이에 따라 주변부의 저발전은 주변부의 '내부 요인'에서 비롯하므로 자본주의의 세계적 확산에 힘입어 '민족자결의 원칙' 등을 통해 자본주의 체제 내에서 궁극적으로 해결될 것이고, 그 결과 주변부의 중심부 '따라잡기'가 실현될 것이라는 논리가 거리낌 없이 주장된다. 따라서 역사유물론은 자본주의 체제 비판이라는 본연의 임무를 망각하고 주변부의 빈곤 상태가 마치 '발전을 향해 이행 중'일 뿐이라는 소위 '발전주의' 담론과 유사한 성격을 띠게 되며, 더 나아가 주변부가 지구화된 자본주의 경제 체제에 빨리 통합될수록 유리하다는 유럽중심주의에 굴복하고 만다는 것이 아민의 생각이다.

그동안 아민에 대한 소개는 그의 '세계적 규모의 자본축적론'이나 '불균등발전론' 등이 세계체제론에서 차지하는 위상을 중심으로 전개되었다. 그런데 아민이 제안한 이론의 지적 배경에는 유럽에서 출현한 자본주의 체제가

'근대'를 개척했다는, 따라서 그것이 궁극적으로 주변부를 '근대화'하고 유럽의 형태로 '동질화·균질화'할 것이라는, 그러므로 자본주의 체제가 주변부 국가의 중심부 국가 '따라잡기'를 가능케 할 것이라는 유럽 사회의 지배적 이데올로기, 요컨대 '근대화론'에 대한 신랄한 문제 제기가 자리한다. 이는 중심부 지배 이데올로기에 대한 비판 이론이자 동시에 주변부의 대안 이론이 되어야 할 마르크스의 역사유물론에서조차 유럽중심주의가 건재하다는 문제의식으로 확장된다.

참고문헌

강성호(2009). "근대 자본주의 세계체제와 유럽". 한국서양사학회 엮음. ≪유럽중심주의 세계사를 넘어 세계사들로≫, 196-229쪽. 푸른역사.

강정인(2004). ≪서구중심주의를 넘어서≫. 아카넷.

김호기(1995). "세계체제론: 19세기 패러다임에 대한 도전". ≪인문과학≫, 75, 31-49쪽.

임현진·장진호(2020). "21세기 문명위기와 세계체제론: 이매뉴얼 월러스틴(I. Wallerstein)의 비교역사적 전망". ≪아시아리뷰≫, 10(2), 3-35쪽.

Amin, S.(1970). *L'accumulation à l'échelle mondiale*. Anthropos.

Amin, S.(1973). *Le Développement inégal*. Minuit.

Amin, S.(1988). *L'eurocentrisme: Critique d'une idéologie*. Anthropos.

Amin, S.(2008). *Modernité, Religions et Démocratie: Critique de l'eurocentrisme, Critique des culturalismes*. Parangon.

Bernal, M.(1987). *Black Athena: The Afroasiatic Roots of Classical Civilization*. Rutgers University Press.

Frank, A. G.(1967). *Capitalism and Underdevelopment in Latin America*. Monthly Review Press.

Wallerstein, I.(2004). *World-systems analysis: An introduction*. Duke University Press.

02
현실자본주의

중심부는 생산, 소비, (재)분배 등의 문제를 스스로 해결할 수 있는 '자력성'을 갖추고 있지만, 주변부는 그러한 문제를 스스로 해결할 수 없기에 '종속성'을 드러낸다. 아민은 세계체제적 수준에서 관찰되는 이 양극화 형태의 자본주의를 '현실자본주의'로 정의하며, 오늘날 유럽(중심부)에 한정된 '중심부 자본주의'와 구별한다.

중심부 자본주의, 주변부 자본주의, 현실자본주의

마르크스의 역사유물론은 19세기 유럽의 자본주의에 토대해 자본주의의 성격을 정의한다. 그런데 오늘날 세계체제적 수준에서 관찰되는 자본주의는 그러한 성격으로 모두 파악되지 않는다. 유럽이나 미주 등지에서 관찰되는 '중심부 자본주의'는 생산, 소비, (재)분배 등의 문제를 스스로 해결할 수 있는 '자력성'을 갖추었지만, 비서구 주변부에서 관찰되는 '주변부 자본주의'는 그러한 문제를 스스로 해결할 수 없기에 '종속성'을 띤다. 따라서 중심부 자본주의는 생산과 소비의 균형뿐 아니라 노동생산성의 진보까지 성취할 수 있는 반면, 중심부의 요구에 종속된 주변부 자본주의는 생산과 소비의 불균형으로 인해 저발전으로 내몰린다.

그런데 주변부 자본주의는 중심부 자본주의에서 찾아보기 힘든 몇 가지 고유한 특징을 드러낸다. 외국 자본에 대한 토착 자본의 종속, 경제 부문 간 비접합성과 현격한 생산성 격차, 세계시장·외국 자본에 종속된 지주와 상인 계급, 경제의 관료화 경향, 특권층의 번영 아래 진행되는 대중의 빈곤화·주변화 등이 그것이다. 이러한 특징은 비록 그 양상은 다르더라도 중심부에 대한 종속과 내부적 역동

성의 결여를 보여 준다는 점에서 일관성을 띤다. 아민은 이 특징이 튀르키예, 이란, 이집트와 같은 주변부에서뿐 아니라 중국, 한국, 대만 등 '개도국'으로 평가되었던 국가들에서도 일반적으로 관찰된다고 진단했다.

여기서 중요한 점은 중심부 자본주의의 자력성이 자급자족의 방식으로 성취되는 것이 아니라 '팽창적'이고 '공격적'인 방식, 즉 제국주의적 방식을 통해 실현된다는 사실이다. 아민은 마르크스의 역사유물론이 주변부를 간과하기 때문에 중심부 자본주의의 팽창성과 공격성을 드러내는 데 한계가 있다고 분석한다. 예를 들어 중심부 자본주의의 팽창성·공격성으로 인해 주변부의 자본이 중심부로 이동하고 중심부 노동자의 실질 소득이 증대한다면, 중심부 노동자는 자본주의의 이러한 성격에 대항해 투쟁하기보다는 자본주의를 옹호할 가능성이 크다. 그런데 이는 중심부 자본주의만을 분석 대상으로 삼아 온 기존 역사유물론이 도저히 도달할 수 없는 결론이다. 이러한 이유로 아민은 역사유물론이 중심부 자본주의가 아니라 세계체제적 수준에서 관찰되는 자본주의와 그 본질적 특징인 양극화를 분석 대상으로 삼아야 한다고 주장한다. 이때 분석 대상이 되는 자본주의를 '현실자본주의'로 정의한다.

현실자본주의는 지구상의 국가들을 동질화·균질화하

는 대신 중심부에는 통합의 효과, 즉 발전을 가져오고 반대로 주변부에는 저발전을 가져온다. 주변부를 주변부 자본주의라는 왜곡된 양식으로 몰아가기 때문이다. 따라서 아민은 유럽자본주의만을 보편 모델로 상정한 유럽중심주의적 역사유물론이 주변부의 역사 이론을 구축하는 데 방해가 된다고 평가하며, 현실자본주의 분석에 기초해 보편적 문명사를 구축할 것을 주문한다. 현실자본주의에 대한 아민의 문제의식은 세계자본주의 체제에서 주변부 국가가 차지하는 위상을 분석한 1957년 박사 학위 논문 ≪전(前) 자본주의 경제 체제에서 국제 통합의 효과(Les effets structurels de l'intégration internationale des économies précapitalistes)≫에서 처음 모습을 드러냈으며, 1970년 출간한 ≪세계적 규모의 자본 축적≫과 1973년 출간한 ≪불균등발전(Le Développement inégal)≫에서 집중적으로 다뤄졌다.

세계적 규모의 자본 축적

현실자본주의에 대한 아민의 정치사상은 '세계적 규모의 자본 축적론(théorie de l'accumulation à l'échelle mondiale)'

을 통해 완결된다. 이 이론의 핵심은 자본주의 국가와 사회주의 국가를 포함한 세계의 모든 나라가 정도의 차이는 있지만 국제적 상업이나 금융 네트워크를 통해 세계적 규모의 자본주의 체제에 연결되어 있다는 가설이다. 아민에 따르면 세계체제적 시각에서는 한 가지 시장, 즉 자본주의적 세계시장이 지배적 양식이다. 그런데 이러한 세계체제는 개별 국가 수준의 축적이나 재생산 양식에 의존하지 않고 전 세계적 규모의 축적이나 확대 재생산에 의존한다. 여기서 국경을 초월해 작동하는 '세계화한 가치'가 존재한다는 토대적 논리가 도출된다.

이러한 자본 축적론의 관점에서 자본주의에 앞서 등장한, 따라서 자본주의 체제로의 이행에 밑거름이 된 유럽의 '중상주의(mercantilisme)' 이데올로기를 분석할 수 있다. 중상주의 이데올로기는 금이나 은과 같은 고정 자산의 축적 여부로 국부를 평가하는 매우 경쟁적인 이데올로기이기 때문에, 자본이 유출되는 수입보다 고정 자산의 축적을 가능케 하는 수출을 우선시하고 이를 위한 금·은의 수취와 해외 식민지 경략이 필수 불가결하다고 주장한다. 따라서 유럽 국가들은 자국의 이익을 최대한 확보할 수 있는 무분별한 착취와 침탈을 적극 옹호하고, 자신들 간 관계뿐 아니라 유럽과 주변부(해외 식민지, 복속국 등)의 관계에서도 불균등을 당연시한다. 그 결과 현실자본주의 체제에서 진행되는 세계적 규모의 자본 축적은 지구상에 존재하는 다양한 사회구성체(formation sociale)를 유럽과 같은 중심부 자본주의의 형태로 단일화·균질화하기보다는 주변부에 대한 착취와 침탈을 옹호하면서 불균등을 조장하지 않을 수 없다.

그러므로 중심부와 주변부는 순차적 발전 단계에 놓인 독립국가군으로 정의되지 않는다. 현실자본주의 체제하에서 중심부는 자기중심적 축적을 하면서 자본주의를 성공적으로 건설할 수 있는 반면, 주변부는 경제적 잉여가 유출되어 자율적 발전이 어려운 저발전 상태로 추락하기 때문이다. 주변부의 저발전 상태는 중심부의 미발전(혹은 초기 발전) 상태가 아니라, 중심부가 세계적 규모의 자본주의 체제를 운영하면서 초래한 왜곡된 결과다. 여러 주변부 국가가 자본주의적 생산양식을 발전시키지 못하고 무너지고 마는 것이 그 증거다. 이는 주변부 자본주의가 중심부 자본주의의 독점적 요구와 필요에 종속되어 있다는 사실을 입증한다.

이에 따라 양극화는 현실자본주의 체제에서 사라지지 않으며 오히려 생성되고 유지된다. 체제 자체가 주변부의 발전 가능성을 구조적으로 차단하며, 자본주의적 발전이나 중심부 '따라잡기'를 궁극적으로 불가능하게 한다. 이러한 이유로 아민은 유럽자본주의를 보편 모델로 상정한 마르크스의 역사유물론이 주변부 역사 이론을 구축하는 데 방해가 된다고 평가하며, 따라서 현실자본주의 분석에 기초해 새로운 역사유물론을 정초할 것을 주문한다.

참고문헌

강동조(2014). "종속이론: 라틴아메리카 지식인들의 자기 발견". ≪역사와 경계≫, 91, 353-379쪽.

강성호(2007). "1987년 이후 마르크스주의 역사학의 다원화와 과제". ≪마르크스주의 연구≫, 4(1), 8-38쪽.

김상준(2015). ≪종속이론(상) & (하)≫. 서강대학교출판부.

최일성(2019). "역사유물론과 유럽중심주의: 사미르 아민(Samir Amin)의 유럽중심주의 비판을 중심으로". ≪정치사상연구≫, 25(1), 296-317쪽.

Amin, S.(1957). *Les effets structurels de l'intégration internationale des économies précapitalistes: Une étude théorique du mécanisme qui a engendré les économies dites sous-développées.* Thèse de doctorat.

Amin, S.(1970). *L'accumulation à l'échelle mondiale.* Anthropos.

Amin, S.(1973). *Le Développement inégal.* Minuit.

Amin, S.(1977), *La loi de la valeur et le matérialisme historique.* Minuit.

Amin, S.(2011). *La loi de la valeur mondialisée.* le Temps des cerises & Éditions Delga.

Anderson, P.(1976). *Considerations on Western Marxism.* New Left Books.

03
역사유물론

마르크스는 인종이나 기독교와 같은 문화적 요소가 아니라 생산양식, 토대, 상부구조, 생산력, 생산관계 등 역사적·실제적 개념을 토대로 자본주의를 분석한다. 이러한 이유로 오늘날 마르크스의 이론은 '역사유물론'으로 평가된다. 그런데 아민은 마르크스의 역사유물론이 유럽의 역사를 일반화하려는 유럽중심주의에 굴복해 자본주의를 비판하는 본연의 임무를 상당 부분 상실했다고 평가하며, 이를 극복할 새로운 역사유물론을 제안한다.

마르크스의 역사유물론

'순수' 경제학은 (자본주의적) 시장의 기능을 설명할 수 있는 일반 법칙을 발견하려 하며, 심지어 그러한 법칙을 발견했다고 주장한다. 나아가 시장이 탈규제화(dérégulé)하면 외부의 간섭 없이도 자동규제화(autorégulé)할 것이라고 선언한다. 그런데 아민은 순수 경제학이 현실자본주의의 모순, 즉 세계체제적 수준에서 관찰되는 중심부와 주변부의 양극화를 간과하며, 따라서 자본주의의 허구적 모델에서 도출된 신화적 법칙만을 일반화한다고 진단한다.

자본주의 시장 내부에 '일반 균형'이 존재한다는 주장에 처음 의문을 제기한 사람이 바로 마르크스다. 마르크스는 시장이 불안정하며, 따라서 과학적으로 규명해야 할 부분은 이러한 불균형의 역사라고 정의한다. 그런 이유로 ≪자본론(Das Kapital)≫ 등 마르크스의 주요 저서들은 자본주의에 대한 분석과 비판을 경제 영역에 국한하지 않고 국가, 노동, 무역, 생산양식, 자본, 토지와 같은 역사적이고 실증적인 영역으로 확장한다. 오늘날 마르크스의 이론이 '역사유물론(matérialisme historique)'으로 평가받는 이유다.

아민은 마르크스의 역사유물론이 주변부의 역사 이론이자 해방 담론이 될 수 있을지 궁금해한다. 하지만 아민의 진단에 따르면 마르크스의 역사유물론은 주변부에 대한 정보가 제한적이었던 19세기 유럽(중심부)에서 탄생했기 때문에 곧바로 주변부의 역사 이론이 될 수는 없었다. 이러한 생각은 여러 학자의 지지를 받았다. 예컨대 제3세계의 빈곤이 선진국의 착취에서 비롯한다고 주장한 폴 바란(Paul A. Baran)의 ≪성장의 정치경제학(The Political Economy of Growth)≫(1957), 선진국의 부가 후진국으로 확산하는 것이 아니라 오히려 후진국의 부가 선진국으로 역류하고 있다고 지적한 군나르 뮈르달(Gunnar Myrdal)의 ≪경제 이론과 저개발 지역(Economic Theory and Under-developed Regions)≫(1957), '유럽의 기적'이라는 유럽중심적 근대화 담론에 의문을 제기한 제임스 블로트(James M. Blaut)의 ≪식민주의자의 세계 모델(The Colonizer's Model of the World)≫(1993), 안드레 프랑크(Andre G. Frank)의 ≪리오리엔트(ReOrient)≫(1998) 등은 주변부의 입장에서 마르크스의 역사유물론을 재검토한 무게감 있는 비판서로 거론된다.

그럼에도 마르크스는 사회적 양극화가 자본 축적의 근본 논리라고 전제해 현실자본주의를 분석할 놀라운 식견을 제공한다. 이를 근거로 아민은 마르크스를 재해석하면 세계체제적 수준에서 관찰되는 중심부와 주변부의 양극화를 더욱 명쾌하게 분석할 수 있을 것이라고 기대한다. 이때 새로운 역사유물론이 해명해야 할 문제는 다음과 같다. 어떠한 역사적 조건이 자본주의를 다른 곳에 앞서 유럽에서 출현케 했는가? 만일 자본주의가 유럽 사회에 그랬듯 지구 사회를 동질화·균질화할 것이라는 유럽중심주의가 타당하다면, 오늘날 날로 심각해져 가는 중심부와 주변부의 양극화는 어떻게 설명할 것인가? 자본주의 체제가 주변부로 확산하고 있음에도 이러한 양극화가 축소되지 않는 이유는 무엇인가?

새로운 역사유물론의 과제

마르크스의 역사유물론은 크게 두 가지 차원에서 비판받는다. 일군의 학자는 마르크스의 '오리엔탈리즘(orientalisme)'을 비판한다. 이들은 마르크스가 남긴 저술들을 토대로 그의 주변부(비서구) 사회관을 재구성해 오류를 입증하는 데 주력한다. 아일랜드·폴란드·인도·중국 등 당대 유럽의 변방이었던 국가들을 중심부의 혁명을 뒷받침하는 주변적 존재로 취급한 시각과 '아시아적 생산양식'을 미분화된 후진적 생산양식으로 평가한 태도 등은 이러한 비판의 핵심

논제다. 그중에서도 특히 마르크스가 아시아적 생산양식의 세부 특징으로 거론한 토지에 대한 사적 소유의 결여, 계급을 압도하는 국가의 지배적 지위, 촌락 공동체의 자급자족 경제, 농업과 수공업의 미분화 등은 오늘날 주변부가 겪는 정체의 원인으로 적극 원용되고 있다. 이들 특징은 이른바 '마르크스학(Marxologie)'의 뜨거운 논쟁거리다.

다른 일군의 학자는 마르크스의 역사유물론에 내재한 유럽중심주의적 편향을 문제 삼는다. 아민은 이 관점에서 마르크스 비판에 동참한다. 아민이 보기에 마르크스는 인종이나 기독교와 같은 문화적 요인이 아니라 생산양식, 토대, 상부구조, 생산력, 생산관계 등 역사적·실제적 개념에 근거해 자본주의를 분석했지만, 결국 자본주의의 세계적 팽창이 지구 사회 곳곳을 동질화할 것이라는 유럽중심주의에 굴복하고 말았다. 주변부는 유럽에 비해 문명사적으로 낙후했다거나, 아시아의 노선에는 자본주의의 맹아가 부재했다거나, 주변부는 자본주의적 생산양식을 결여해 정체될 수밖에 없었다거나, 유럽이 발전시킨 자본주의를 받아들이면(혹은 '받아들일 때만') 주변부도 발전(근대화)할 수 있을 것이라는 편견 등이 그 사례다. 그 결과 마르크스의 역사유물론은 주변부를 포함한 세계체제적 수준의 자본주의, 즉 현실자본주의의 파괴적 효과를 분석한 것이 아니라 단지 유럽의 역사와 물질적 성취만을 전제 삼아 역사 이론을 모색했다는 것이 아민의 평가다.

그런데 아민은 마르크스보다는 그의 이론을 보편 이론으로 재구성해 내지 못한 마르크스 이후의 마르크스주의, 즉 '역사적 마르크스주의(marxisme historique)'가 역사유물론의 실패에 더 큰 책임이 있다고 진단한다. 이러한 마르크스주의는 자본주의를 극복할 수 있는 마르크스의 놀라운 식견을 유럽이라는 제한된 환경에 가두어 보편적 사유를 거부했고, 따라서 '실천 이론'으로서의 비판적 능력을 상실하고 말았기 때문이다. 아민은 이처럼 마르크스 이후의 마르크스주의가 유럽의 사례를 일반화하려는 유럽중심주의에 굴복해 현실자본주의에서 촉발된 진정한 역사적 과제를 제대로 파악하지 못했다고 분석한다.

아민은 이러한 문제의식을 토대로 새롭게 정초해야 할 역사유물론의 이론적 과제를 설정한다. 새로운 역사유물론은 유럽이라는 중심부가 역사적으로 부상한 과정을 설명(비판)할 수 있어야 하지만, 나아가 서구와 비서구 사이에 존재하는 '불균등발전' 혹은 '양극화'도 설명할 수 있어야 한다. 이와 동시에 자본주의가 중심부와 주변부에서 각각 어떻게 다르게 작동하고 있는지도 분석해야 한다. 윌리엄 맥닐(William McNeill)이 ≪서구의 부상(The Rise of the West)≫(1963)에서 묘사했듯 자본주의가 본격적으로 정착하기 시작한 19세기 초, 혹은 유럽이 아메리카에 진출하기 시작한 1492년 또는 인도에 이르는 항로가 개척된 1498년 이전까지는 오늘날의 주변부(특히 '아시아')가 유럽을 압도했다. 그러나 유럽은 자본주의 체제를 갖춘 19세기를 기점으로 주변부를 능가할 정도로 '부상'했으며, 제2차 세계대전 이후 이른바 '영광의 30년'이라는 미증유의 번영을 성취했다. 반면 주변부는 사회적 토대가 붕괴하고 저발전이 심화해 정치·사회·경제적 여건이 더욱 피폐해졌다. 아민은 이러한 문제의식에 의거해 19세기 유럽이라는 제한된 역사와 환경을 절대시한 마르크스(주의)의 역사유물론을 공격하고, 나아가 주변부의 비참한 현실을 설명하는 동시에 그에 대한 해결 방안을 제시할 수 있는 더욱 설득력 있는 역사유물론을 정초하려고 노력한다.

참고문헌

강성호(2007). “1987년 이후 마르크스주의 역사학의 다원화와 과제”. ≪마르크스주의 연구≫, 4(1), 8-38쪽.

김상준(2015). ≪종속이론(상) & (하)≫. 서강대학교출판부.

서관모(2003). “계급이론과 역사유물론: 맑스주의 개조의 쟁점들”. ≪경제와 사회≫, 59, 1-31쪽.

이상훈(1994). “마르크스의 눈으로 현실을 볼 수 있는가?: 실천적 역사유물론의 옹호”. ≪시대와 철학≫, 5(1), 11-29쪽.

이진경(2006). “마르크스주의에서 생산력 개념의 문제”. ≪마르크스주의 연구≫, 3(2), 77-107쪽.

최일성(2019). “역사유물론과 유럽중심주의: 사미르 아민(Samir Amin)의 유럽중심주의 비판을 중심으로”. ≪정치사상연구≫, 25(1), 296-317쪽.

Amin, S.(1977). *La loi de la valeur et le matérialisme historique.* Minuit.

Amin, S.(1988). *L'eurocentrisme: Critique d'une idéologie.* Anthropos.

Amin, S.(2008). *Modernité, Religions et Démocratie: Critique de l'eurocentrisme, Critique des culturalismes.* Parangon.

Amin, S.(2018). *Modern Imperialism, Monopoly Finance Capital, and Marx's Law of Value.* Monthly Review.

Anderson, P.(1976). *Considerations on Western Marxism.* New Left Books.

Baran, P. A.(1957). *The Political Economy of Growth.* Monthly Review.

Bernal, M.(1987). *Black Athena: The Afroasiatic Roots of Classical Civilization.* Rutgers University Press.

Blaut, J. M.(1993). *The Colonizer's Model of the World:*

Geographical Diffusionism and Eurocentric History. Guilford Press.

Fourastié, J.(1979). *Les trente glorieuses ou la révolution invisible.* Fayard.

Frank, A. G.(1967). *Capitalism and Underdevelopment in Latin America.* Monthly Review.

Harvey, D.(2006). *The Limits of Capital.* Verso.

Jacoby, R.(1981). *Dialectic of Defeat: Contours of Western Marxism.* Cambridge University Press.

Marx, K.(1973). *Grundrisse: Foundations of the Critique of Political Economy*(1857-1861). New Left Review.

Marx, K.(1990). *Capital,* Vol. I.(1867). Penguin Books.

McNeill, W.(1963). *The Rise of the West: A History of the Human Community.* University of Chicago Press.

Myrdal, G.(1957). *Economic Theory and Under-developed Regions.* Duckworth.

Negri, A.(1989). *Marx Beyond Marx: Lessons on the Grundrisse.* Autonomedia.

04
세계체제론

세계체제론은 지구상의 모든 사회구성체를 '중심부'와 '주변부'로 이원화한다. 중심부는 자본과 기술을 지배하지만, 주변부는 중심부의 이익을 위해 노동과 자원 등을 희생한다. 유럽중심주의는 이러한 세계체제에 대해 주변부가 중심부를 '따라잡는 중'이라는 발전주의적 가설을 제시한다. 하지만 아민은 자본주의가 팽창할수록 오히려 중심부와 주변부 사이의 양극화가 심화한다고 진단한다.

'따라잡기'

세계체제론은 지구상의 모든 사회구성체를 '중심부'와 '주변부'로 이원화한다. 그런데 세계자본주의 체제하에서 중심부와 주변부는 동일한 정치·사회적 조건을 재생산하지 못한다. 경제적 자력을 갖춘 중심부에서는 생산성 증대와 노동 수입 증가가 실현되지만, 경제의 대외 의존성이 심화한 주변부에서는 생산성과 노동 수입 증가가 오히려 저해된다. 중심부에서는 설비 생산과 소비재 생산 사이 결정적 결합이 이뤄지며 이를 바탕으로 팽창적이고 공격적인 방식으로 수익이 창출되지만, 주변부에서는 설비 생산과 소비재 생산의 결합이 왜곡되고 중심부의 공격적 축적 요구에 종속되면서 내·외부적 불균등이 심화한다. 따라서 아민은 중심부와 주변부의 심각한 '양극화'를 오늘날의 세계체제, 즉 '세계자본주의 체제'의 주요한 특징으로 정의한다.

양극화는 중심부보다 주변부에서 훨씬 심각한 문제를 초래한다. 하지만 유럽중심주의는 이러한 현실을 다음과 같이 해명하며 위기를 외면한다. 첫째, 중심부의 노동생산성이 주변부의 그것보다 훨씬 높다. 그러므로 양 진영의 소득 격차는 내부적 노동생산성의 차이라는 '내부 요인'에서 비롯한 것이지 세계자본주의 체제, 이른바 '외부 요인'에서 비롯한 것이 아니다. 둘째, 필수노동 대비 잉여노동의 비율은 주변부가 중심부보다 훨씬 낮다. 이는 주변부 노동자의 소득이 중심부 노동자의 소득보다 열등할지라도 오히려 노동 착취의 비율은 낮음을 의미하며, 따라서 세계자본주의 체제로의 편입은 주변부에 도움을 준다. 셋째, 진보는 일반적으로 양극화의 점진적 축소로 이어진다. 이때 주변부의 위상은 중심부 자본주의로의 발전을 향한 순차적 이행 과정, 즉 '따라잡는 과정'으로 이해된다.

이러한 유럽중심주의의 가설은 다음 두 가지 공리에 토대한다. 첫째, 노동생산성 등 각 사회에 고유한 '내부 요인'이 사회의 역량을 비교하는 데 결정적이라는 공리다. 둘째, 중심부(유럽)의 발전된 자본주의 모델이 전 세계에 일반화될 수 있다는 공리다. 이들 공리는 개별 사회구성체의 운명이 원칙적으로 내부 요인에 의존하며, 따라서 내부 요인이 긍정적으로 변모해야 중심부 사회구성체를 향한 '따라잡기'가 가능해진다는 일종의 진화론적 역사관으로 완성된다. 이를 바탕으로 유럽중심주의는 주변부가 중심부를 '따라잡는 중'이라는, 혹은 그렇게 할 수 있다는 낙관적 가설을 정당화한다. 이어 주변부가 세계자본주의 체제에 통합되는 것이 현실적으로 바람직하다고 선언한다. 오늘날 이들 주장은 '민족자결주의'라는 명목으로 주변부에서조차

통속화의 길을 걷고 있다.

세계화한 가치

기존 유럽중심주의적 세계체제론에 대한 아민의 비판은 중심부와 주변부 사이에서 확인되는 소득 격차가 개별 사회구성체의 다양한 '내부 요인'에서 비롯한 것인지, 아니면 세계자본주의 체제가 강요하는 본연의 결과('외부 요인')인지 묻는다. 아민은 자본주의 체제 등장 이후 중심부와 주변부의 격차가 확대되었고, 따라서 이들 사이 지배와 종속, 착취와 수탈의 관계가 공고해졌다고 주장한다. 아울러 주변부의 내부 요인보다는 세계자본주의 체제가 강요하는 '세계적 규모의 자본 축적'이 그러한 불균등의 주요 원인이라고 분석한다. 그럼에도 유럽중심주의적 역사유물론은 한 사회구성체(주변부)에서 다른 사회구성체(중심부)로 가치(자본)가 이전될 수 있다는 생각 자체를 거부하며, 세계체제적 차원에서 진행되는 양극화를 가치 이전의 문제와 연결하려 하지 않는다. 아민에 따르면 전 세계적 수준에서 관찰되는 중심부와 주변부의 양극화는 개별 사회구성체의 내부 요인에 따른 결과가 아니라, 중심부와 주변부 사이 힘의 차이를 조장하는 세계자본주의 체제 그 자체로 인해 발생한다. 이러한 논리를 바탕으로 아민은 세계자본주의 체제에 대한 대안적 해석을 제안한다.

아민은 기존 역사유물론이 분석 도구로 상정한 '시장가치' 대신 세계체제 수준에서 관찰되는 '세계화한 가치'를 대안적 분석 도구로 제안한다. '세계화한 가치'는 주변부에서 중심부로의 가치 이전을 배제하지 않으므로 세계자본주의 체제에 내재한 모순을 드러낼 수 있으며, 동시에 현실자본주의를 특징짓는 양극화의 폐단을 분석할 수 있다. 또한 자본주의가 세계적 규모로 확장되어야 하는 이유, 즉 주변부의 지배 계급이 제국주의적 중심부에 '저항'하는 대신 '동맹'해야 하는 물적 조건도 해명할 수 있다. 이러한 의미에서 '세계화한 가치'는 중심부와 주변부의 양극화가 왜, 그리고 어떻게 세계자본주의 체제에서 작동하는지 설명할 수 있는 최적의 개념적 도구로 이해된다.

예컨대 주변부에서 중심부로 이전된 가치(이러한 가치는 중심부에서 창출한 '시장가치'로 정의되지 않는다)는 제국주의 국가의 지배 계급뿐 아니라 노동자 계급의 실질 소득을 증가시킬 수 있다. 이 경우 중심부의 노동자 계급은 자국의 제국주의 정책에 저항하기보다는 그것을 옹호할 가능성이 크다. 게다가 자신의 소득을 안정화하는 데 주변부 자원까지 필요하다고 인식한다면, 이들은 중심부 지배 계급과 계급 연대도 추구할 수 있다. 19세기 식민주의와 제국주의의 역사는 이러한 계급 연대를 실증적으로 입증한다. 아민은 이러한 상황에서 중심부 국가의 자력을 찬양하고, 나아가 주변부 국가에 세계자본주의 체제로 편입하도록 강요하는 것은 '순수 경제학'에 따른 요청이 아니라 주변부의 경제적·사회적 진보를 저해하는 세계자본주의 체제의 모순적 결과라고 분석한다.

그러므로 아민은 '내부 요인', 즉 노동생산성의 차이가 세계적 규모에서 나타나는 소득의 불균등을 설명한다는 경제학의 가설은 천진난만할 뿐 아니라, 주변부에서 중심부로 가치가 이전(엄밀하게 말하자면 '착취')되는 세계자본주의 체제의 본질적 문제를 은폐한다고 주장한다. 아울러 세계자본주의 체제를 주변부에서 중심부로의 가치 이전, 즉 '착취'와 '침탈'을 허락하는 자본주의 본연의 억압적 생산양식으로 이해한다. 이러한 분석은 중심부 국가가 왜 강한 국가고, 주변부 국가가 왜 약한 국가인지 이해할 수 있게 한다.

세계자본주의 체제에 대한 아민의 비판은 여러 학자의 지지를 받았다. 예를 들어 미국의 마르크스주의 경제학자 폴 바란은 ≪성장의 정치경제학≫(1957)에서 경제적 잉여를 추구하는 자본주의가 선진국과 후진국에서 서로 상이하게 기능한다는 사실을 지적하며, 후진국의 발전을 저해하는 것은 '내부 요인'이 아니라 선진국이 만들어 낸 독점자본주의('외부 요인')라고 주장한다. 이를 바탕으로 바란은 선진국과 후진국의 자본주의가 '철저하게 적대적'이라고 결론짓는다.

한편 안드레 프랑크는 남미 국가들에 대한 실증적 분석을 바탕으로 자본주의가 주변부에 저발전을 가져와 중심부와 주변부의 관계를 지배와 종속, 착취와 피착취의 관계로 변화시켰다는 역사적 사실을 입증한다. 이에 기반해 프랑크는 기존 역사유물론이 자본주의라는 생산양식을 전제 삼아 하부구조가 사회에 영향을 미치는 방식에 관심을 쏟았을 뿐, 어떻게 한 사회가 다른 사회와의 관계 때문에 변질(침탈)될 수 있는지 혹은 개별 사회들이 어떻게 자본주의라는 단일 경제 체제에 참여하는 과정에서 격차를 드러낼 수 있는지 설명하지 못했다고 비판한다. 이들의 논의는 저발전의 심화로 신음하던 비서구 주변부 사회에 큰 반향을 불러일으켰고, 기존 역사유물론의 한계를 비판하는 일련의 흐름, 이른바 '종속이론'을 촉발했다.

참고문헌

강동조(2014). "종속이론: 라틴아메리카 지식인들의 자기 발견". ≪역사와 경계≫, 91, 353-379쪽.

김상준(2015). ≪종속이론(상) & (하)≫. 서강대학교출판부.

베르날 에레라(2015). "주변부에서 모더니티를 다시 생각하기". ≪코기토≫, 77, 7-19쪽.

정승현(2016). "문명, 역사, 주변부: 마르크스주의와 서구중심주의". ≪OUGHTOPIA≫, 31(1), 67-96쪽.

Amin, S.(1970). *L'accumulation à l'échelle mondiale*. Anthropos.

Amin, S.(1973). *Le Développement inégal*. Minuit.

Amin, S.(1977). *La loi de la valeur et le matérialisme historique*. Minuit.

Amin, S.(2011). *La loi de la valeur mondialisée*. le Temps des cerises & Éditions Delga.

Amin, S.(2018). *Modern Imperialism, Monopoly Finance Capital, and Marx's Law of Value*. Monthly Review.

Baran, P. A.(1957). *The Political Economy of Growth*. Monthly Review.

Bernal, M.(1987). *Black Athena: The Afroasiatic Roots of Classical Civilization*. Rutgers University Press.

Blaut, J. M.(1993). *The Colonizer's Model of the World: Geographical Diffusionism and Eurocentric History*. Guilford Press.

Frank, A. G.(1967). *Capitalism and Underdevelopment in Latin America*. Monthly Review.

Myrdal, G.(1957). *Economic Theory and Under-developed Regions*. Duckworth.

05
공납제

공납제는 '정치 영역이 경제 영역을 압도하는 사회 체제'를 일컫는다. 아민은 공납제를 현실자본주의, 즉 세계체제적 수준에서 관찰되는 중심부와 주변부의 양극화를 적절하게 설명할 수 있는 전(前) 자본주의 생산양식으로 자리매김한다.

봉건제에서 자본주의로?

유럽중심주의에 대한 아민의 문제의식은 자본주의 이행 논쟁, 즉 인류의 문명이 '봉건제'에서 '자본주의'로 이행했음을 전제한 마르크스의 역사유물론이 과연 세계체제적 수준에서 관찰되는 '현실자본주의(중심부와 주변부의 양극화)'의 등장을 제대로 설명할 수 있을지에 대한 문제의식으로 확장된다. 아민이 보기에 전(前) 자본주의 생산양식으로서 봉건제는 현실자본주의의 출현을 설명할 수 없는 협소한 개념이다. 여기서 역사유물론의 이론적 과제 가운데 하나가 도출된다.

기존 역사유물론은 유럽의 역사를 배경으로 구축된 '역사 발전 5단계론'을 논의의 출발점으로 삼는다. 이에 따르면 모든 문명은 원시공산제, 고대 노예제, 봉건제, 자본주의를 거쳐 사회주의로 진화한다. 유럽중심주의는 이 과정에 대해 유럽의 역사는 '봉건제 생산양식'을 거쳐 '자본주의 생산양식'으로 안정적으로 이행했지만, 주변부(특히 '아시아')의 역사는 불완전한 '아시아적 생산양식' 탓에 그러한 이행이 지체·정체되었다는 핵심 가설을 내세운다.

마르크스 또한 아시아적 생산양식이 주변부가 겪는 정체의 원인이라는 당대의 유럽중심주의를 받아들였다. 문제는 이 유럽중심주의적 가설이 주변부의 역사 이론으로 거론되는 마르크스의 역사유물론에서조차 문제의식 없이 건재하다는 사실이다. 그 결과 마르크스의 역사유물론은 자본주의 체제가 '유럽'이라는 특수한 조건 아래 봉건제를 거쳐 정상적이고 온전한 방식으로 발전했다는 '유럽예외론'을 부지불식간에 승인하는 오류에 봉착하고 만다.

이 지점에서 아민은 인류의 문명이 봉건제에서 자본주의로 이행한다는 기존 역사유물론이 자본주의 체제에 타율적으로 편입된 주변부에는 제대로 적용되지 않는다는 문제의식을 드러낸다. 봉건제에서 자본주의로 이행한다는 주장은 주로 '내부적 생산양식'의 변화에 초점을 맞추지만, 주변부 자본주의의 형성은 중심부의 역학, 특히 제국주의(외부)의 '착취'와 '침탈'을 제외하고서는 온전히 설명할 수 없기 때문이다. 따라서 아민은 새로운 역사유물론의 이론적 과제 가운데 하나가 '유럽자본주의'로의 이행이 아니라 '현실자본주의'로의 이행, 즉 세계체제적 수준의 '양극화'를 더욱 적절하게 설명할 수 있는 전(全) 자본주의적 생산양식 개념을 도출하는 것이라고 주장한다.

공납제 생산양식의 중심부와 주변부

자본주의 이행 논쟁에서 중요한 논점은, 봉건제에서 (유럽)자본주의로의 이행이 어떻게 가능했느냐는 기존 역사 유물론의 질문이 아니라, 유럽은 공격적이고 팽창주의적인 자본주의를 발전시켰는데 주변부는 왜 그러지 못했느냐는 '비대칭성' 혹은 '불균형성'에 대한 질문이다. 아민은 '공납제 생산양식'이라는 개념을 통해 이 질문에 대한 적절하고 올바른 해답을 마련할 수 있다고 주장한다.

역사적으로 공납제는 정도의 차이는 있지만 거대 영토에 대한 정치적 지배가 물리(군사)력으로만 유지될 수 없는 불리한 조건에서도 국가 통합을 효과적으로 이뤄 낸 정체였다. 또한 국가 내에서의 교류뿐 아니라 주변 다른 국가와의 교류를 통해 호혜적 이익을 실현한 정체였다. 가령 고대 중국은 동아시아 국가들을 압도하는 광범한 공납제 국가였지만 이들 국가를 직접적으로 지배하지는 않았다. 오히려 이들 국가와 함께 세계적 교역의 길, 예를 들어 초원과 바다에 '실크로드'를 건설해 상호 이익을 구현했다. 그러므로 공납제는 공격적 방식으로 상대를 약탈·침탈하는 자본주의와는 달리 국내·국외 교류를 통해 호혜적 이익을 실현할 수 있었던 생산양식이다.

이러한 사실에 토대해 아민은 공납제 생산양식을 '경제 영역에 대한 정치 영역의 우위'라는 최소주의적 개념으로 정의한다. 이 정의에는 마르크스의 봉건제 정의, 즉 '정치적' 혹은 '비경제적' 수단을 바탕으로 직접 잉여를 추출한 생산양식이라는 정의가 내재해 있다. 이러한 최소주의적 정의는 다양한 사회'들'의 다양한 생산양식'들'을 봉건제냐 아니냐, 아시아적 생산양식이냐 아니냐 등의 특수주의 논쟁에서 구해 낼 수 있다. 아울러 오늘날 주변부에서 관찰되는 다양한 사회구성체를 통합적으로 논의할 수 있는 이론적 여유를 제공한다. 오늘날 적지 않은 역사유물론자들이 공납제 생산양식을 전(全) 자본주의적 생산양식으로 신중하게 고려하는 이유가 여기에 있다.

그렇다면 공납제도 자본주의와 마찬가지로 '중심부'와 '주변부'를 구분할 수 있는가? 자본주의 체제에서 중심부와 주변부의 대립은 대체로 경제 영역에 종속된다. 한쪽에는 지배적이며 완성된 자본주의 사회(중심부 자본주의)가, 다른 한쪽에는 후진적이고 미완성된 피지배 자본주의 사회(주변부 자본주의)가 존재한다. 경제적 지배와 종속은 자본주의 체제가 전 세계로 팽창하며 나타난 현실자본주의의 주요한 특징이다.

그런데 공납제 사회의 중심부와 주변부는 그러한 방식

으로 구분되지 않는다. 공납제 사회에서 재생산은 정치 영역을 규정하는 근본 개념인 권력을 통해 이루어지고, 그것에 정당성을 부여하는 이데올로기적 심급(즉 '상부구조')에 더욱 크게 의존하기 때문이다. 신(종교)이 권한을 부여한 '황제'라는 개념은 중심부 공납제 사회가 발전시킨 공납제 문화의 가장 완성된 형태다. 기독교·불교·힌두교·이슬람교 등 거대 종교는 이러한 공납제 문화의 요청에 거의 완벽하게 부응한 사례다.

그러므로 공납제 사회는 그 사회의 권력(공납 권력)이 안정적인지, 그러한 권력에 정당성을 부여하는 이데올로기의 완성도가 높은지 등 문화적 완성도에 따라 중심부와 주변부를 구분할 수 있다. 공납제 사회를 지배한 것은 이데올로기이기 때문에, 그러한 사회가 완성된 양식인지 아닌지 나타내는 것도 바로 이데올로기다. 경제 영역이 아니라 권력과 이데올로기의 영역인 '공납제 문화'를 통해 중심부와 주변부의 대립이 결정된다는 논리다. 이는 자본주의 생산양식의 중심부·주변부에 적용된 논리와 엄밀히 구분된다.

그런데 11세기에 이미 인구 100만 명 이상의 도시를 나라 곳곳에 건설했던 중국(중심부 공납제)이 종국에는 자본주의로의 이행에서 뒤처진 반면, 17세기까지도 중국을 따라잡지 못했던 유럽(주변부 공납제)은 어떻게 공격적이고 팽창적인 자본주의를 앞서 발전시킬 수 있었는가? 역사는 '주변부 공납제' 사회보다 '중심부 공납제' 사회가 자본주의로 이행하는 과정에서 훨씬 더 정체했음을 보여 준다. 발전한 공납제 문화일수록 성장의 토대였던 생산관계나 생산양식의 변화에 더더욱 강하게 저항할 수 있었기 때문이다. 아민은 만일 공납제 생산양식이 전 자본주의 사회구성체의 보편적 생산양식으로 인정받는다면 이러한 공납제 문화의 차이, 요컨대 완성된 중심부 공납제 문화인지 아닌지로 앞서 제기한 "유럽은 공격적이고 팽창주의적인 자본주의를 발전시켰는데 주변부는 왜 그러지 못했는가"라는 질문에 답할 수 있다고 주장한다.

예컨대 이집트, 중국, 인도, 아랍, 페르시아와 같은 중심부 공납제 사회는 생산물이나 생산수단의 거래는 빈약했지만 생산자 농민과 착취적 공납 계급 사이 갈등을 조절할 수 있을 만큼 고도로 정교한 문화(이데올로기)를 갖춘 사회였다. 아민의 관찰에 따르면 이러한 중심부 공납제 사회는 다량의 잉여를 추출할 수 있는 강력한 중앙집권적 이데올로기 사회였던 반면 중앙아시아, 동남아시아, 사하라 이남 아프리카, 유럽 본토 등 나머지 주변부 공납제 사회는 느슨하고 분권적인 이데올로기 사회에 불과했다. 따라서 중심부 공납제 사회는 자본주의 생산양식으로 이행하는 데 효과적으로 제동을 걸 수 있었지만, 주변부 공납제 사회는 그러한 이행을 재촉하는 상인(자본) 권력에 굴복하지 않을 수 없었다. 이를 바탕으로 아민은 '덜 발전한 공납제 사회'의 더 큰 유연성이 '더 발전한 자본주의 사회'로의 이행을 재촉했다는 '불균등발전론'을 전개한다.

참고문헌

김택현(2014). "자본주의 이행을 다시 생각함: 마르크스주의자들과 마르크스의 이행론". ≪영국연구≫, 32, 289-318쪽.

이종일(1986). "봉건제에서 자본주의로의 이행의 사회사적 의의". ≪논문집≫, 4.

장시복(2012). "세계자본주의의 불균등발전과 초국적 자본가계급의 구성". ≪마르크스주의 연구≫, 9(2), 12-38쪽.

정이근(2003). "맑스 자본주의 이행이론의 전환". ≪인문사회과학연구≫, 4, 197-223쪽.

최우영(2019). "자본주의 이행 일반론의 이론적 비교: 계급투쟁론, 시장론, 신제도론 그리고 맑스". ≪사회사상과 문화≫, 22(1), 27-59쪽.

Amin, S.(1970). *L'accumulation à l'échelle mondiale*. Anthropos.

Amin, S.(1973). *Le Développement inégal*. Minuit.

Amin, S.(1977). *La loi de la valeur et le matérialisme historique*. Minuit.

Amin, S.(1988). *L'eurocentrisme: Critique d'une idéologie*. Anthropos.

Amin, S.(2008). *Modernité, Religions et Démocratie: Critique de l'eurocentrisme, Critique des culturalismes*. Parangon.

Amin, S.(2011). *La loi de la valeur mondialisée*. le Temps des cerises & Éditions Delga.

Amin, S. & Yzchir, F.(1988). *La Méditerranée dans le système mondial*. La Découverte.

06

봉건제

유럽중심적 역사유물론은 봉건제를 유럽의 특수성으로 간주하며, 이 특수성 덕분에 유럽이 자본주의를 발전시킬 수 있었다고 주장한다. 그러나 아민은 봉건제가 공납제의 한 유형이며, 중앙 권력의 취약성을 보여 주는 주변부 공납제 생산양식에 불과하다고 정의한다. 아민은 유럽에서 공격적이고 매판적인 자본주의가 출현할 수 있었던 이유를 주변부 공납제 생산양식의 특징, 즉 중앙 권력의 취약성에서 찾는다.

노예제 논쟁

유럽중심주의의 핵심 주장 가운데 하나는 유럽의 특수성으로 확인된 '봉건제' 덕분에 유럽이 자본주의를 발전시킬 수 있었다는 가설이다. 이는 고대 그리스의 '노예제'가 유럽의 '봉건제'로 발전했으며, 이 봉건제가 '중상주의'를 거쳐 마침내 '자본주의'로 발전했다는 논리로 요약된다. 기존 역사유물론은 이 논리를 근거로 노예제와 봉건제가 필수 단계며 인간의 위상이 노예에서 농노로, 이어 자유로운 개인으로 성장하는 것이 보편적 인류사라고 선전한다.

아민은 이러한 역사유물론이 진보의 철학을 내포하기 때문에 관념상 매력적일 수 있다고 생각한다. 하지만 아민은 고대 이집트나 중국과 같이 상위 문명 수준에 도달한 국가(사회구성체)의 역사에서 노예제 생산양식이 필수 단계였다는 흔적을 발견할 수 없을 뿐 아니라, '원시공산제-노예제-봉건제-자본주의'로 발전하는 일련의 역사유물론이 봉건제에 대한 신화적 해석을 정초하는 매우 빈약한 이론이라고 비판한다.

아민은 이를 입증하기 위해 먼저 봉건제가 노예제에서 진화한 생산양식이 아니라는 점을 논증한다. 유럽중심주의와 그에 편승한 역사유물론이 노예제 생산양식을 정의하는 과정에서 종종 '생산양식으로서 노예제'와 '계급적 위상으로서 노예제'를 혼동했다고 주장한다. 예컨대 고대 그리스의 노예제는 그 사회(사회구성체)의 내부적 요구보다는 그리스의 도시국가가 동방 문명권과 무역하면서 노예를 구매·약탈했다는 외부적 요인, 요컨대 '사회구성체계(système de formations sociales)'적 요인으로 더욱 잘 설명된다. 즉 그리스의 노예제는 그 사회의 내부를 분석할 때가 아니라 그리스와 동방 문명권 사이에 형성된 외부적 관계를 분석할 때 더욱 명쾌하게 해명된다.

따라서 아민은 그리스의 노예제가 특정 시기를 규정짓는 생산양식이 아니라 인신매매라는 대외 관계적 특성, 요컨대 사회구성체계적 특성이 반영된 제도로 정의되어야 한다고 주문한다. 아민이 보기에 이러한 노예제는 인류 역사에 매우 일반적이었으며, 노동 착취의 정도가 가장 심해 봉건제로 진화할 수밖에 없었던 생산양식이라는 유럽중심주의적 가설과 아무런 관련이 없다.

봉건제 혹은 주변부 공납제 생산양식

아민은 노예제 생산양식에 대한 비판을 바탕으로 봉건제

에 대한 대안적 해석을 제안한다. 아민에 따르면 봉건제는 무계급사회에서 계급사회로의 이행 과정, 요컨대 친족 공동체가 국가 중심의 계급사회로 변화하는 공납제 사회의 출현 과정과 긴밀하게 연결된다. 봉건제 역시 공납제 사회의 주요 특징인, '정치적·이데올로기적 수단(상부구조)'을 바탕으로 생산자로부터 직접 잉여를 추출하는 생산양식의 면모를 온전히 보여 주기 때문이다. 공납제 사회에서 사회적 재생산을 직접 통제하는 것은 정치와 이데올로기이기 때문에 이들 사회를 지배하는 생산양식은 경제가 아니라 정치·이데올로기, 즉 공납제 문화다. 이때 정치·이데올로기는 '국가 이데올로기'라는 완성된 형태로 드러나는데, 유교·불교·이슬람교·기독교 등 거대 종교는 공납제 사회에서 그러한 역할을 충실하게 수행해 왔다.

그런데 봉건제는 국가보다 작은 규모의 봉토에서 전개되었으며, 영주가 국가 권력에 간섭받지 않고 정치적·사법적 분권을 행사한 생산양식이었기 때문에 고대 중동이나 인도, 중국과 같은 완성된 형태의 공납제 생산양식보다는 미성숙한 특징을 보여 준다. 실제로 유럽의 봉건제는 생산자(소작농)를 관리하던 영주의 권력이 국가 권력보다는 미약하고 분권적이었기에 시원적이고 불완전한 성격의 공납제로 이해된다. 이러한 시원성·불완전성은 권력이 분산

되어 잉여가 국가로 집중되지 못했다는 사실을 통해 상징적으로 입증된다.

따라서 아민은 완성된 공납제 사회에서 관찰되는 '국가의 독점적 소유'와 유럽 봉건제 사회에서 관찰되는 영주의 '사적 소유'를 동일시해서는 안 된다고 주장한다. 영주의 사적 소유는 생산조직(소작농)이라는 기술적 수준과 잉여 추출을 가능케 하는 물리력(군사력)을 통해 재생산되었지만, 국가의 독점적 소유는 기술과 물리력이 아니라 '국가 이데올로기(종교)'라는 상부구조를 통해 더욱 완벽하게 재생산되었기 때문이다. 게다가 기독교(가톨릭)는 오랜 기간 국가 이데올로기로 승화되지 못하고 외면받았다. 그 결과 '국가(신)의 독점적 소유'라는 공납제적 정치·이데올로기, 요컨대 '소작농의 토지 경작 의무'나 '경작권을 허락받은 농민'이라는 종교적·국가적 이데올로기는 봉건제 사회에서 매우 미약한 수준이었다. 그러므로 아민은 봉건제 생산양식을 불완전하고 미완성된, 요컨대 후진적이고 주변부적인 공납제 생산양식으로 정의해야 한다고 주장한다.

전도된 근대화

봉건제의 불완전함은 유럽이 자본주의로 이행하는 데 오히려 유리한 조건을 조성했다. 유럽의 봉건제는 정치적으로 강력했던 중앙집권적 공납제 생산양식이 아니라 정치력이 제대로 작동하지 못한 주변부의 공납제 생산양식에 불과했다. 따라서 상대적으로 뒤처졌지만 자본주의 세력의 등장을 차단할 수 있는 정치권력을 갖추지 못했다는 의미에서 '유연성'을 지닐 수 있었고, 그로 인해 자본주의로의 전환이 상대적으로 용이했다. 반면 선진적 공납제 사회였던 고대 중동, 인도, 중국 등은 자본주의 세력을 압도하는 강력한 정치·이데올로기 덕분에 '고리대금', '매점매석', '과도한 상업적 이익', '토지에 대한 사적 소유' 등 자본주의적 폐해를 통제할 수 있었고, 자본주의로의 이행을 효과적으로 늦출 수 있었다.

16~18세기 유럽에서 전개된 경쟁적이고 공격적인 '중상주의 이데올로기'는 공납제 정치권력의 미약함이나 부재 속에서 더욱 선명하게 이해된다. 유럽중심주의의 지배적 가설은 항상 중상주의의 출현을 유럽의 특수성, 즉 '유럽예외론'으로 설명한다. 그중에서도 도시의 자율성, 자유농민(수공업자)의 성장·분화, 시장의 대외적 팽창 등이 중

상주의의 출현을 이끈 유럽 봉건제의 독창적 기여로 거론된다. 그런데 아민은 이러한 특징들이 공납제 사회가 완성되지 못했을 때, 중앙 권력이 취약하거나 미약할 때 나타나는 주변부 공납제 사회의 일반적 특징에 불과하다고 주장한다.

예컨대 도시는 유럽 봉건제 사회에서만 출현한 것이 아니라 인류가 국가 중심의 공납제 사회를 발전시키는 과정에서 보편적으로 출현했다. 고대 공납제 사회는 특히 도시적이었고, 도시를 중심으로 성장했다. 하지만 완성된 공납제 사회일수록 도시는 자율적이지 못했다. 주지하다시피 고대 중국은 매우 발전한 공납제 사회였고, 잉여의 국가적 분배가 매우 풍요롭고 복잡한 사회였다. 그런데 이러한 사회일수록 공납제적 중앙 권력의 감시는 효과적으로 작동했으며, 따라서 도시는 자율적이지 못했다. 도시가 외견상 자율성을 띠게 된 것은 중앙 권력이 광범하게 붕괴하기 시작하면서부터였다. 중앙 권력의 붕괴는 공납제 생산양식의 쇠락을 의미하는바, 농민(수공업자) 계층의 분화를 촉진하고 시장 형성을 재촉했다. 이러한 맥락에서 아민은 공격적이고 매판적인 유럽 중상주의가 중앙 권력이 취약했던 봉건제(주변부 공납제)의 뒤처짐 때문에 출현한 것이지 유럽의 특수성에서 비롯하지 않았다고 주장한다.

결국 봉건제의 본질이라고 할 수 있는 중앙 권력의 느슨함과 유연성 덕분에, 중심부 공납제 국가가 아닌 유럽에서 공격적이고 팽창주의적인 자본주의 생산양식이 뿌리내릴 수 있었다. 반대로 중동, 인도, 중국 등은 자본주의 체제로 이행하는 과정에서 강력한 공납 권력의 통제를 받았기 때문에 오늘날까지도 공납제의 짙은 흔적을 간직하고 있다. 이것이 과거 주변부 공납제 사회에 불과했던 유럽이 배타적이고 자기중심적인 중심부 자본주의 사회로 이행하고, 과거 중심부 공납제 사회였던 강력한 정치사회가 전 자본주의적 생산양식(공납제)을 간직한 주변부 자본주의 사회로 이행하게 된 주요 동인이다. 공납제 생산양식의 성격 차이가 자본주의를 수용하는 과정에 차이를 만들어 냈고, 궁극적으로 중심부와 주변부의 위상을 뒤집어 놓았다는 것이다. 따라서 아민은 주변부의 자본주의적 근대화 과정을 '전도된 근대화'로 명명하며, 이에 대한 해명을 역사유물론이 유럽중심주의를 극복하기 위해 풀어야 할 중요한 이론적 과제로 설정한다.

참고문헌

강성호(2007). “1987년 이후 마르크스주의 역사학의 다원화와 과제”. ≪마르크스주의 연구≫, 4(1), 8-38쪽.

서관모(2003). “계급이론과 역사유물론: 맑스주의 개조의 쟁점들”. ≪경제와 사회≫, 59, 1-31쪽.

이상훈(1994). “마르크스의 눈으로 현실을 볼 수 있는가?: 실천적 역사유물론의 옹호”. ≪시대와 철학≫, 5(1), 11-29쪽.

이진경(2006). “마르크스주의에서 생산력 개념의 문제”. ≪마르크스주의 연구≫, 3(2), 77-107쪽.

최일성(2019). “역사유물론과 유럽중심주의: 사미르 아민(Samir Amin)의 유럽중심주의 비판을 중심으로”. ≪정치사상연구≫, 25(1), 296-317쪽.

Amin, S.(1977). *La loi de la valeur et le matérialisme historique.* Minuit.

Amin, S.(1988). *L'eurocentrisme: Critique d'une idéologie.* Anthropos.

Amin, S.(2008). *Modernité, Religions et Démocratie: Critique de l'eurocentrisme, Critique des culturalismes.* Parangon.

Amin, S.(2018). *Modern Imperialism, Monopoly Finance Capital, and Marx's Law of Value.* Monthly Review.

Baschet, J.(2004). *La Civilisation féodale: de l'an mil à la colonisation de l'Amérique.* Aubier.

Bloch, M.(1939). *La Société féodale.* Albin Michel.

Duby, G.(1978). *Les Trois Ordres ou l'imaginaire du féodalisme.* Gallimard.

Guerreau, A.(1980). *Le Féodalisme: un horizon théorique.* Sycomore.

Negri, A.(1989). *Marx Beyond Marx: Lessons on the Grundrisse.* Autonomedia.

07
근대성

유럽중심주의는 유럽이 신(종교)에 구속되었던 인간(이성)을 해방하고 자본주의를 개척했다는 근대성 가설을 정초한다. 아울러 이러한 근대성을 수용하면 주변부도 유럽을 '따라잡을' 수 있다고 주장한다. 하지만 아민은 필연적으로 부르주아적 성격을 띠지 않을 수 없는 근대성이 중심부와 주변부의 양극화를 더욱 심화했다고 분석한다.

연속인가 단절인가

중세를 마감하면서 유럽은 새로운 시대를 열어젖혔다. 이 시대는 14~16세기 르네상스, 16세기 종교개혁, 17~18세기 계몽주의 그리고 미국과 유럽을 뒤흔든 18~19세기 시민혁명으로 이어지는 일련의 역사를 아우른다. 그런데 당시는 공교롭게도 유럽에서 출현한 자본주의가 전 세계로의 팽창을 준비하던 시기이기도 하다. 유럽의 지배적 사상 체계는 이 시기를 '근대(la moderne)'로 정의하며, 이 일련의 역사가 신(종교)에 구속되었던 인간(이성)을 해방하고 자본주의로의 필연적 도약을 예비했다는 '근대성(la modernité)' 가설을 정초한다. 이 가설은 주변부가 유럽의 노선을 수용하면(혹은 수용할 때만) 유럽을 '따라잡을' 수 있다는 주장으로 확장되며, 자본주의의 세계적 확산은 궁극적으로 전 세계를 '동질화' 혹은 '균질화'할 것이라는 일종의 진화론적 역사관으로 마무리된다.

그러나 아민은 실제로 진행된 자본주의의 세계적 팽창이 전 세계를 결코 동질화·균질화하지 못했으며, 오히려 세계체제적 수준의 '양극화'를 심화했다고 비판한다. 그 결과 중심부는 더욱 완성된 형태로 발전했지만, 주변부는 더욱 낙후해 자본주의 체제 내에서는 회복할 수 없는 비참한 수준으로 전락했다고 진단한다. 이러한 진단을 바탕으로 아민은 유럽중심주의 수준을 넘어서서 '근대성'을 세계체제적 수준에서 재해석해야 한다고 주장한다. 이때 설명되어야 할 내용은 유럽이 자본주의 체제로 도약할 수 있었던 이유뿐 아니라, 자본주의 체제가 어떻게 중심부와 주변부의 양극화를 심화했는지의 문제도 포함한다.

아민은 근대성이 진화론적 역사관에 토대한 '연속성'보다는 과거와의 '단절'을 통해 형성되었다는 자신의 역사유물론을 상기시킨다. 이에 따르면 근대성은 이전 모든 사회에 존재했던 지배적 관념, 즉 우주와 인간을 창조한 신(종교)이 역사의 주체라는 관념과 단절하면서 시작된다. 만일 인간의 역사가 더 이상 신(종교)의 섭리를 통해 설명되지 않는다면, 그것은 다른 법칙을 통해 설명되어야 한다. 이 과정에서 인간의 '이성'에 대한 재정의가 요청된다. 이때 근대성은 "인간이 개인적으로나 집단적으로 자신의 역사를 개척할 수 있고 그러해야 한다"(Amin, 2008: 34)는 명제를 토대로 삼는다. 이 명제는 종교적 형태의 형이상학에 토대한 기존 권력, 즉 공납제를 거부토록 하며 형이상학(종교)에 속박되었던 인간(이성)을 구원한다는 '인간 해방'의 요청을 드높인다. 이제 역사의 총체라고 할 수 있는 국가(정치)는 형이상학(종교)과 분리되어 급진적 세속화의 길을 걷는다. 이는 종교가 더 이상 메타사회적 원동력이 될 수 없다는, 따라서 인간이 스스로 역사를 개척할 수 있다(혹은 '개척해야 한다')는 '라이시테(laïcité)' 선언으로 완결된다.

해방적 근대성?

이 지점에서 아민은 근대성이 과연 해방적인지 반문한다. 근대성의 철학적 토대인 17~18세기 계몽주의 사조는 해방, 특히 형이상학(종교)적 지배로부터의 해방 관념과 견고하게 연결된 해방 이성 개념을 제안한다. 그런데 해방 이성의 본질을 차지한 것은 과거 공납제 이데올로기가 중시했던 윤리나 도덕이 아니라 애덤 스미스(Adam Smith)가 경제 영역에 적용한 공리주의였다. 이 이데올로기는 개인을 이성적 존재로 전제하며, 사회를 이들 개인의 합으로 정의한다. 따라서 '최대 다수의 최대 행복'을 보장하는 사회가 '선한 사회'로 인정된다. 이때 선한 사회의 핵심 체제는 정치적으로는 개인의 이성에 따른 정치적 삶을 보장하는 '민주주의', 경제적으로는 개인의 이성에 따른 계약의 자유를 보장하는 '시장'이다. 아울러 정치 영역과 경제 영역의 행복을 최대로 끌어올릴 수 있다는 논리에서 그 두 영역이 분리된 사회 체제가 이상적 모델로 제안된다.

그러므로 정치의 중요한 역할은 과거 공납제 사회에서처럼 형이상학(종교)의 요청을 관리하는 것이 아니라 신성불가침의 권리인 개인의 소유(경제)를 보장하는 것이 된다. 계몽주의가 제시한 해방 이성은 '자유'와 '평등'이라는 민주주의적 가치와 더불어 '소유'라는 시장경제적 가치를 보장해야 했으며, 따라서 필연적으로 부르주아적 성격을 띠지 않을 수 없었다. 아민의 분석에 따르면 자본주의가 다른 곳이 아닌 유럽에서 성장할 수 있었던 배경에는 이러한 근대성의 부르주아적 성격이 자리했다.

그런데 부르주아 근대성은 정치·경제·사회적으로 수많은 모순을 양산한다. 이론상 '민주주의'와 '시장'은 갈등하지 않는 것처럼 보이지만, 현실에서는 민주주의의 가치를 무산자, 유색인, 여성 등 사회적 배제 계층을 포함한 '모든 시민'에게 적용하는 과정에서 양자가 끊임없이 갈등하기 때문이다. 게다가 경제 영역에서 이성의 승리를 보장하는 '보이지 않는 손'은 너무 빈번하게 '예측 불가능한 손'이 되며, 나아가 소유라는 시장경제적 가치를 보호하기 위해 수시로 국가의 '보이는 주먹'을 요청한다.

이러한 부르주아 근대성은 윤리마저 무용지물로 만든다.

사회는 약육강식의 정글이 되며, 인간들 사이 불평등은 '최대 다수의 최대 행복'에 필수 불가결한 희생으로 선언된다. 근대성은 특히 '경제 영역'에서 완성된 형태로 활개치는데, 그 형태는 심지어 '순수 과학(순수 경제학)'으로 평가될 정도다. 결국 부르주아 근대성은 비(非)부르주아 계층의 인간 해방에 대한 모든 야망을 앗아 갈 뿐 아니라 공허하고 무책임한, 따라서 윤리적 토대가 빈약한 비해방적 근대성으로 전락한다. 아민은 주변부의 빈곤이 이러한 부르주아적 성격에서 기인한다고 주장한다.

그러므로 아민은 세계자본주의 체제가 양산한 양극화와 시장 소외를 극복하고 진정한 인간 해방을 향해 나아가는 것이 오늘날 근대성이 해결해야 할 본질적 과제라고 선언한다. 일찍이 18~19세기 시민혁명들, 특히 1775년 미국혁명과 1789년 프랑스혁명은 이념적 차원에서 이 과제를 인식했고, 따라서 유럽중심주의는 이들 혁명에 결정적 의미를 부여했다. 하지만 아민은 이들 혁명이 부르주아적 성격으로 인해 부르주아의 소유를 보장하는 방향으로 급격히 왜곡되었고, 종국에는 자본주의 세력에게 패권을 넘겨주고 말았다고 진단한다.

예컨대 미국혁명은 자유주의라는 원대한 정치적 이상을 내세웠지만 제도적 차원에서 선거민주주의라는 '정치 영역'과 자본 축적을 위한 '경제 영역'을 분리하는 데 상당한 기력을 낭비했다. 그 결과 인디언·흑인에 대한 집단학살·노예화 등을 문제 삼지 못한 채 독점자본주의 세력의 독립전쟁으로 성급히 마무리되었다. 프랑스혁명 역시 처음에는 수백만 농민과 수공업자의 소유, 즉 '대중의 소유'를 보장할 원대한 목표를 세웠지만 결국 자본의 요구에 종속된 신흥 부르주아 세력의 소유만을 보장하는 쪽으로 거칠게 종결되었다. 이 과정에서 탄생한 것이 '공화국'이었는데, 공화국은 처음부터 소외 계층인 프롤레타리아나 무토지 빈농층, 여성, 유색인 등의 권리를 보장하기 어려운 불완전한 모델에 불과했다. 그럼에도 유럽은 이러한 역사를 '근대화'로 칭송하며, 그 변화가 유럽에 고유한 '문화적 가치(기독교)'에서 기원했다고 포장하면서 양극화라는 자본주의 체제의 일반적 경향을 문제 삼으려 하지 않는다. 아민은 부르주아 근대성이 위험할 뿐 아니라 무책임의 원리와 연결되어 있기에 더욱더 파괴적이라고 평가한다.

참고문헌

박성환(2010). "근대 사회의 공리주의적 행복 논리 비판". ≪문화와 사회≫, 9, 50-100쪽.

이구표(2009). "마르크스와 근대성 문제". ≪마르크스주의 연구≫, 6(1), 196-229쪽.

이순예(2010). "근대성, 합리와 비합리성의 변증법". ≪담론201≫, 13(1), 5-33쪽.

이정연(2018). "근대성과 종교 연구에 관한 검토". ≪사회와 이론≫, 33, 225-280쪽.

정호근(1995). "근대성의 변증법과 비판적 이성의 기능 및 가능성". ≪철학≫, 43, 389-416쪽.

홍태영(2011). "유럽적 근대성과 유럽적 가치의 형성". ≪아태연구≫, 18(1), 95-113쪽.

Amin, S.(1988). *L'eurocentrisme: Critique d'une idéologie.* Anthropos.

Amin, S.(2008). *Modernité, Religions et Démocratie: Critique de l'eurocentrisme, Critique des culturalismes.* Parangon.

Bidet, J.(1990). *Théorie de la modernité.* PUF.

Goody, J.(2016). *Capitalisme et modernité: Le grand débat.* Les Presses de Calisto.

Lefebvre, H.(1962). *Introduction à la modernité.* Minuit.

Simmel, G.(1989). *Philosophie de la modernité.* Payot.

Valadier, P.(1974). *Essais sur la modernité. Nietzsche et Marx.* Cerf-Desclée.

08
르네상스와 종교개혁

유럽중심주의는 르네상스와 종교개혁을 고대 그리스 문명과 근대 자본주의를 매개하는 유럽사의 연계 과정으로 정의한다. 이를 통해 자본주의를 규정하는 다양한 요소가 맹아 형태로 유럽사에 내재했다는 계보학적 해석을 마련한다. 반면 아민은 르네상스나 종교개혁을 유럽이 형이상학(종교)의 지배를 보장하던 공납제(국가) 이데올로기와 '단절'한 순간으로 개념화한다. 이러한 단절을 근거로 그는 자본주의가 공납 권력의 부재·미약함 속에서 출현했다는 대안적인 역사유물론을 전개한다.

르네상스와 종교개혁

유럽이 중세(봉건제)를 마감하던 14~16세기는 재탄생을 의미하는 '르네상스(Renaissance)'로 정의된다. 아민이 보기에 유럽중심주의의 본체는 르네상스에 대한 역사적 해석에서 시작된다. 이 해석의 핵심에는 자본주의를 규정하는 다양한 요소가 르네상스에 앞서 유럽사에 맹아의 형태로 내재해 있었다는 일종의 역사학적 계보학이 존재한다.

그런데 유럽은 이러한 계보가 '기원으로의 회귀', 요컨대 유럽 문명의 기원으로 편입된 고대 그리스 문명의 재해석·재탄생에 따른 '문화혁명'의 결과였다고 설명한다. 이 문화혁명의 논리는 고대 그리스 문명에 내재해 있던 자본주의의 원칙(특히 '이성')이 중세 동안 반계몽주의적 형이상학(종교)으로 인해 억압되었다가 르네상스를 통해 비로소 빛을 발하게 되었다는 주장으로 요약된다. 이로써 유럽은 고대 그리스 문명이 자신의 기원이라는 주장, 즉 '그리스인 선조론'을 정론화하며 르네상스를 통해 자신의 기원으로 회귀했다는 문화주의적 논리를 공고히 한다.

유럽중심주의는 이 문화혁명론의 연장선상에서 16세기 '종교개혁'도 '기독교(문화)의 우수성'이라는 신화로 설명한다. 예컨대 막스 베버는 종교개혁을 문화혁명의 기원에

위치시키며, 자본주의가 기독교에 대한 종교적 재해석의 결과였다는 주장을 개진한다. 종교개혁 덕분에 정치와 종교의 분리 그리고 정치와 경제의 분리가 가능했으므로 기독교가 자본주의적 근대성을 창조한 원동력이었다는 논리다. 유럽중심주의는 여기에 유대교와 이슬람교가 이러한 진화의 요소를 마련하지 못했고(혹은 그럴 수밖에 없었고), 따라서 이들 문화는 깊은 쇠락에 빠져들지 않을 수 없었다는 비난을 추가한다. 이 비난은 특정 문화(종교)는 진보에 개방적인 데 반해 다른 문화(종교)는 진보에 장애가 된다는, 문화적 가치(종교)가 '초역사적 불변항'이라는 본질주의적 가설로 이어진다.

그런데 아민은 이러한 문화주의적 해석이 기만이라고 평가한다. 르네상스나 종교개혁은 유럽사의 연속성이 아니라 '단절'을 입증하는 것처럼 보이기 때문이다. 아민은 그 근거로 이들 역사가 형이상학(종교)에 대한 지배적 관심을 포기함으로써 중세 사상과 단절했다는 사실을 강조한다. '스콜라주의' 같은 중세 형이상학은 도덕에 관한 관심과 우주생성론에 대한 열망을 동시에 드러내면서 형이상학(종교)의 지배를 보편화했다. 이에 반해 르네상스나 종교개혁은 과거 국가가 관리하던 절대 지식에 대한 탐구를 개인의 몫으로 돌리고, 그 대신 자연과학(이성)에 대한 귀납적·분석적 연구를 고무한다. 그리하여 형이상학(종교)에 경도되었던 철학을 경험적 현상이나 경험을 합리적으로 설명하는 세속적 논리 체계로 전환하고, 연역에 한정되었던 이성의 범주에 귀납의 가치를 폭넓게 받아들인다.

이 지점에서 아민은 역사가 '유전으로' 계승되는 어쩔 수 없는 것이 아니라, 정치·경제·사회·문화 등 각 심급이 서로 갈등·협력하면서 진보할 수도 있고 퇴보할 수도 있다는 '과소결정론(sous-détermination)'적 역사유물론을 주장한다. 이 이론에 따르면 당시 유럽 사회에 새로 등장한 초기자본주의적 생산관계가 종교(형이상학)에 대한 개념적 재고를 요청한 것이지, 그 역이 아니라는 논리가 성립한다. 이때 르네상스나 종교개혁은 유럽 사회가 '신'이나 종교적 '율법'을 선택한 유대교나 이슬람교와 달리 당시 사회 변화에 적응하기 위해 '이성'이나 세속적 '자유'를 선택하며 탈바꿈을 모색한 결과로 이해된다. 이러한 맥락에서 르네상스나 종교개혁은 자본주의가 개화할 수 있게 한 조건이 아니라, 오히려 그러한 변화가 잉태한 결과물에 불과하다는 것이 아민의 해석이다.

자본주의의 기원

이어 아민은 어떻게 유럽이 '근대적 단절'을 수행할 수 있었는지 궁금해한다. 이 시기에 유럽은 '근대화'로 평가되는 두 가지 변혁을 성취한다. 하나는 자본주의를 개척하기 시작했다는 것, 다른 하나는 자본주의를 바탕으로 세계를 정복하기 시작했다는 것이다. 이로써 유럽은 자본주의로 이행하기 위한 물적 토대를 마련했으며, 형이상학(종교)에서 벗어나 과학(이성)철학을 개척할 준비를 마쳤다. 나아가 사기업의 지배, 자유로운 임노동, 대외적 시장 관계 등을 발전시키고 엄청난 속도로 과학(이성)적 진보를 달성하면서 정치·이데올로기(종교)에 종속되었던 국가의 결정을 경제적 이해관계에 맞추기 시작했다.

이러한 과정이 낳은 중요한 성취는 그동안 형이상학(종교)에 종속되었던 시민사회가 세속화를 달성했고, 이에 따라 시민사회의 주된 관심 분야였던 경제 영역이 공납 권력의 관리에서 벗어나 자율성을 획득했다는 사실이다. 시민사회의 자율성은 '라이시테', 즉 정교분리 원칙에 대한 요청을 낳았다. 그런데 아민은 이 요청이 형이상학(종교)의 필요성을 전적으로 배제했던 것이 아니라 국가 이데올로기였던 종교를 '개인화'하거나 '민족화'하면서, 즉 형이상학(종교)의 권위적이고 의례적인 불순물을 제거하면서 오히려 개인적 형태의 신앙을 강화했다고 평가한다. 이러한 개인화와 민족화 과정이 르네상스를 마감하며 유럽에서 전개된 16세기 종교개혁의 핵심 내용을 구성한다.

자본주의의 맹아적 형태라고 할 수 있는 사기업, 시장교환, 임노동 등은 오래전부터 지중해 지역의 선진적 공납제 사회였던 고대 동방 문명에서도 확인된다. 따라서 고대 동방 문명은 유럽자본주의에 선행하는 자본주의 체제였다. 그럼에도 강력한 공납 권력이 존재했던 이들 문명은 자본주의 세력의 성장을 억제할 수 있었다. 반면 당시까지 주변부에 지나지 않았던 유럽은 공납 권력이 미약하거나 부재했기에 자본주의 세력의 성장을 억제하지 못했다. 이를 토대로 아민은 자본주의가 르네상스나 종교개혁과 같은 문화혁명 덕분에 출현한 것이 아니라, 자본주의가 출현하면서 기존 유럽 역사와 단절된 문화혁명이 개시되었다는 새로운 역사유물론을 전개한다. 유럽의 후진성이 다른 곳이 아닌 유럽에서 자본주의가 성장하게 한 원동력이었다는 논리다.

그러므로 당시 유럽이 기획한 르네상스나 종교개혁은 개인적·민족적 해방의 요소(이성)를 간직하고 있던 유럽 문화의 고유하고 독창적인 결과가 아니라, 자본주의의 출현이라는 사회적 조건의 변화가 가져온 결과물이다. 사회의 실제 변화가 사상의 변화를 불러일으키고 형이상학(종교)의 역할을 재조정한 것이지 그 역이 아니다. 그럼에도 오늘날 유럽의 지배 이데올로기는 '그리스(이성) 선조 신화'나 '기독교(종교개혁)'와 같은 문화적 요소를 바탕으로 유럽사를 정의하며, 이를 바탕으로 자본주의가 유럽 고유의 역사일 뿐 아니라 유럽에서 기원할 수밖에 없었다고 선전한다.

아민은 유럽중심주의가 두 가지 이론적 폐단을 낳는다고 분석한다. 첫째, 유럽중심주의는 자본주의의 기원에 대한 시각을 왜곡하면서 자본주의가 수반하는 세계적 규모의 양극화를 정당화한다. 이는 유럽적이라고 일컬어지는 유럽의 역사적 특수성(고대 그리스 문명과 이성)과 주변부의 특수성(고대 동방·이슬람 문명과 종교)을 대비하는 이데올로기로 표출된다. 둘째, 유럽중심주의는 현실자본주의의 근본 특징인 중심부와 주변부의 양극화를 세계체제적으로 분석하기를 거부하고 국가들 간 불균등이 오로지 각 국가의 '내부 요인'에 따른 결과라고 단정한다. 이때 특정 문화(기독교)는 진보의 원동력이 되는 데 반해 다른 문화(종교, 특히 이슬람)는 장애가 된다는 문화주의적 편견을 정초한다.

나흐다, 혹은 이슬람 르네상스

무슬림 사회는 왜 이러한 단절, 즉 '자본주의적 근대화'를 달성하지 못했는가? 유럽중심주의는 이슬람교의 '특수성(열등성)'을 강조하는 문화주의적인 해석에서 그 답을 찾는다. 이러한 논리의 뒷배경에는 자신들의 문화인 기독교(가톨릭)의 '특수성(우등성)'을 찬양하는 문화주의적 우월감이 자리한다. 이 우월감 속에서 '유럽·기독교' 대 '아랍·이슬람교'라는 대립적 구도가 완성되며, 기독교의 특수성이 '라이시테'를 요청한 반면 이슬람교의 특수성은 그러한 정교분리를 거부했다는 대립적 가설이 마련된다.

그럼에도 무슬림 사회는 유럽의 문화주의적 해석을 모방해 19세기 '나흐다(*Nahda*)'라 불리는 '이슬람 르네상스'를 기획하며 근대화에 시동을 걸었다. 이 과정에서 무슬림은 유럽중심주의가 선전해 온 '기원으로의 회귀'라는 문화주의적 선전을 곧이곧대로 받아들였고, 그릇된 이해에 기반해 그 '기원'을 이슬람교(종교)로 대변되는 문화적 요소들로 가득 채웠다. 그 결과 고대 그리스 문명(특히 '이성')의 출현에 결정적으로 이바지했던 고대 동방 문명은 '자힐리야(*Jahiliya*)', 즉 불경의 시간으로 취급되어 재탄생(르네상스)의 대상으로 고려되지 못했고, 종교(이슬람)의 반계몽주의적 흐름만 더욱 공고화하는 결과가 초래되고 말았다.

이론적으로 나흐다는 무슬림 사회의 언어 개혁, 관습 비판, 법률 개정, 정치 비판 등의 총체적 개혁이 가능함을 보여 준 선구적 운동이었다. 그러나 종교나 종교적 해석을 개혁하는 문제 앞에서는 언제나 소심하고 모호한 운동이기도 했다. 나흐다에서 종교는 언제나 사회의 정체성으로 이해되었으며, 유럽중심주의가 선전하듯 불변의 본성으로 환원되었다. 오늘날까지도 무슬림 사회는 유럽이 형이상학(종교)으로부터 해방되어, 즉 중세 이데올로기와 단절하면서 자본주의를 성취했다는 사실을 이해하지 못하고 있다. 그로 인해 형이상학(종교)의 독재를 용인하는 전제 국가('정치적 이슬람')의 출현에 이의를 제기하지 못한다. 따라서 아민은 나흐다가 무슬림 사회의 근대화가 아니라 그것이 유산되었음을 알리는 '전도된 유럽중심주의'에 불과하다고 평가한다.

참고문헌

강휘원(2014). "막스 베버의 서구 프로테스탄트 자본주의 분석과 현대적 적용 논의". ≪현상과 인식≫, 38(3), 103-128쪽.

김영한(1999). "르네상스와 종교개혁". ≪계간 사상≫, 43, 68-89쪽.

김주한(2018). "종교개혁과 자본주의 정신: 막스 베버의 관점과 기독교적 의미". ≪신학연구≫, 55(2), 313-339쪽.

라영환(2009). "종교개혁과 모더니즘: 지성사 입장에서 바라본 종교개혁의 의미". ≪개혁논총≫, 12, 249-284쪽.

이동수(2020). "공화주의적 통치성: 르네상스기 이탈리아 도시국가를 중심으로". ≪OUGHTOPIA≫, 35(2), 211-246쪽.

이태하(2012). "근대철학과 종교: 과학에 의한, 과학을 위한, 과학의 종교". ≪가톨릭철학≫, 18, 37-66쪽.

정규영(2005). "중세 이슬람 문명이 근대 서구문명에 미친 영향". ≪한국이슬람학회논총≫, 15(1), 133-150쪽.

정미란(2016). "세계사 교과서의 르네상스 서술 변화와 근대 기점 문제". ≪역사교육≫, 140, 39-82쪽.

Amin, S.(1988). *L'eurocentrisme: Critique d'une idéologie.* Anthropos.

Amin, S.(2008). *Modernité, Religions et Démocratie: Critique de l'eurocentrisme, Critique des culturalismes.* Parangon.

Bloch, E.(2007). *La philosophie de la Renaissance.* Kamnitzer, P.(trad.). Payot.

Christin, O.(1995). *Les Réformes: Luther, Calvin et les protestants.* Gallimard.

Delumeau, J.(1993). *La Civilisation de la Renaissance.* Arthaud.

Dupont, A.(2009.8). Nahda, la renaissance arabe. *Le Monde Diplomatique.*

Faure, P.(1986). *La Renaissance.* PUF.

Louis, F.(2016). *Incertain Orient: le Moyen-Orient de 1876 à 1980.* PUF.

09
정치적 이슬람

정치적 이슬람은 무슬림 사회의 근대화·자본주의화를 공언하며 신정정치로의 회귀를 추구하는 정치 세력을 일컫는다. 그런데 이들의 기획은 종교라는 '환원 불가능한 특수성'이 역사의 여정을 결정한다는 유럽중심주의와 동일한 논리에 토대한다. 따라서 아민은 정치적 이슬람의 기획이 단순히 '전도된 형태의 유럽중심주의'에 지나지 않는다고 비판한다.

문화주의적 실패?

유럽은 공납제 이데올로기와 '단절'하면서 근대성을 성취했다. 이러한 단절은 르네상스, 종교개혁 그리고 시민혁명이라는 일련의 역사로 표출되었으며, 자본주의 체제의 완성으로 꽃피었다. 이 변화(단절)는 다양한 방식으로 해석된다. 철학적으로는 역사의 주체가 '신(종교)'에서 '인간(이성)'으로 전환되었음을 의미하며, 정치적으로는 '전제(공납) 권력'이 '민주주의'로, 요컨대 인간이 스스로 역사를(개인적·집단적으로) 개척한다는 확신으로 변화했음을 의미한다. 이러한 확신은 정치와 종교의 분리라는 '라이시테'를 요청했다.

그런데 유럽은 어떻게 이러한 단절을 수행할 수 있었는가? 막스 베버는 종교개혁을 변화와 단절의 기원에 위치시키며, 이러한 변화(단절)가 기독교(문화)의 '특수성' 덕분에 가능했다고 주장한다. 유럽의 지배적 사상 체계는 이를 바탕으로 예외적인 '유럽의 노선'을 강조하며, 역사의 여정은 문화적 변인으로 인해 환원(공약) 불가능하다는 문화주의적 가설을 정초한다. 하지만 아민은 이 가설이 모순적이라고 판단한다. 서구 문화(기독교)만이 근대성을 창조할 수 있고, 무슬림 민중은 근대성을 거부하는 불변의 전통

(이슬람교)에 갇혀 있다는 편견을 조장하기 때문이다. 여기에 유럽은 무슬림 사회의 주요 정치 운동이 반계몽주의적인 종교적 언술에 갇혀 문화적·정치적으로 그 어떤 새로운 비전도 제시하지 못했다는 편견을 추가한다.

아민 역시 무슬림 사회의 근대화가 실패했다고 인정한다. 그러나 그 원인에 대해서는 문화주의로 무장한 유럽의 지배적 사상 체계와 의견을 달리한다. 초기 이슬람교는 사회 현실이나 모순과 동떨어진 영역에서 부흥 운동을 전개했다. 예컨대 무함마드(Prophète Mahomet)는 당시 아랍 사회에 고유한 여러 모순적인 사회적 관계를 용인한 채 포교 활동을 전개했다. 노동 조직이나 소유관계의 어떠한 것도 문제 삼지 않았으며, 심지어 폭력적 정치권력에 순종할 것을 요청하기도 했다. 이렇듯 당시 이슬람교의 부흥 운동은 사회 기획이라기보다 형이상학적 차원의 종교 운동이었다. 즉 아랍 사회에 고유한 사회적 모순을 해결하기보다는 사회를 지배하는 권력의 도움을 받으며 성장한 종교 운동이었다.

이슬람교의 부흥 운동이 사회 기획이 아니라 형이상학(종교)적 종교 운동이었다는 사실은 이슬람교가 역사적으로 성공할 수 있었던 결정적 조건이었다. 이슬람교가 거대종교로 성장할수록 무슬림 사회의 통합은 더욱 가속화했고,

공납제 사회의 지배 권력도 더더욱 안정화했기 때문이다. 이에 따라 무함마드 이후의 이슬람교는 아라비아반도를 통일해야 한다는 국가적 요청에, 특히 소규모 생산에 토대를 둔 수많은 친족 공동체가 대규모 공납제 사회 조직(국가)으로 성장하는 과정에 완벽하게 부응할 수 있었다. 이때 친족 공동체의 토착 신들이 이슬람교의 유일신으로 대체되었으며, 통치자는 '신의 대리인'이라는 개념을 통해 공납 권력의 신성화가 더욱 안정적으로 촉진되었다.

그런데 무슬림 사회의 공납제가 완성되면 될수록 자본주의로의 이행은 더욱 정체했다. 성장한 무슬림 공납 권력이 공납제 생산양식에서 자본주의 생산양식으로 생산관계를 변형할 것을 요구하는 상인(자본주의) 세력에 더욱 강경하게 대처할 수 있었기 때문이다. 아민은 이슬람교가 무슬림 사회의 공납제 완성과 그로 인한 자본주의로의 더딘 이행이라는 사회 변화와 동행한 것이지, 결코 그러한 변화를 만들어 낸 동인이 아니었다고 설명한다. 무슬림 사회의 완성된 공납제(중심부 공납제)가 자본주의라는 새로운 생산관계로 이행하는 것을 방해했다는 논리다. 이에 따라 아민은 사회적 생산관계(중심부 공납제)가 종교(문화)에 대한 개념적 재고를 요청한 것이지, 그 역이 아니라는 가설을 마련한다.

정치적 이슬람의 본질

그렇다면 오늘날 무슬림 사회의 근대화를 자처하며 등장한 '정치적 이슬람'의 본질은 무엇인가? 정치적 이슬람은 완벽한 신정정치로의 회귀를 추구한다. 신정정치는 종교인에 의해 종교의 이름으로 권력이 독점되는 정체를 의미한다. 종교인이 이데올로기 관리 기능을 차지하며 최고 권력을 누리는 일부 무슬림 정권이 그 사례다. 정치적 이슬람은 인간의 이성을 불신하고 의례, 경전의 자구, 외부적 정체성 표식(의복) 등을 중시하는 형식주의에 더욱 큰 의미를 부여한다. 모든 형태의 민주주의를 거부하고 무슬림 공동체의 최고 지도자 겸 성직자인 '이맘(*Imam*)'에 대한 맹목적 복종을 칭송한다. 이렇게 민족적 정체성을 종교로 환원하면서 민족성 그 자체가 불변한다는 명제를 정초한다.

하지만 전근대 시기 무슬림 공납제 사회는 그러한 방식으로 작동하지 않았다. 메디나 시기 무함마드는 막대한 권력의 소유자였으나 사회 체제의 재생산에 필요한 온갖 권력의 정당성을 온전히 용인했다. 당시 공납제 사회의 지배 권력은 언제나 왕, 귀족, 전사, 상인, 종교인 등이 필요에 따라 연대를 모색한 구성적 계급들의 몫이었다. 그럼에도 구성적 공납 권력은 종교인의 권력이 공납제 사회를 관장하는 자신의 능력을 넘어서지 못하도록 통제했다. 요컨대 무슬림 공납제 사회는 거대 종교(이슬람교)의 종교인 일부를 지배 계급으로 받아들였을 뿐 종교인의 권력 독점을 의미하는 신정정치를 허락하지 않았다.

반면 오늘날 정치적 이슬람은 사회의 진정한 주인이 신이라는 원리주의를 강요한다. 예컨대 '하키미야(*hakimiya*)' 원칙, 즉 알라만이 유일한 입법자라는 원칙을 정초한다. 이들에게 경전은 단 한 자구도 잉여적이지 않다. 경전은 법전이자 헌법 그 자체다. 이러한 이데올로기의 연장선상에서 칼람(*kalam*), 즉 이슬람 교리학이 권세를 누린다. 사회는 '이성(인간)과 신앙(종교)의 일치'를 요구하는 종교 권력의 지배를 용인한다. (세속)철학은 권위를 상실하며, 종교에 대한 해석만이 공식화·율법화·의례화해 사회를 지배한다. 그런데 이러한 신정정치 혹은 문화주의적 원리주의는 '환원 불가능한 특수성'이 역사의 여정을 결정한다는, 더 정확히 말하자면 공약 불가능한 각각의 역사를 결정한다는 유럽중심주의와 동일한 논리를 공유한다. 따라서 아민은 정치적 이슬람의 근대화 기획이 단순히 '전도된 형태의 유럽중심주의'에 지나지 않는다고 평가한다.

이러한 퇴보의 본질은 무엇인가? 정치적 이슬람은 근대성이 해방적이라는 관념, 특히 종교적 형이상학으로부터의 해방을 부인하기에 민주주의 원리 자체를 거부한다. 따라서 정치적 이슬람이 이슬람 방식의 민주주의라고 선전하는 '슈라(*Shura*)'의 원리, 즉 이슬람 종교 지도자 협의체는 민주주의에 부합하는 원리가 아니라 민주주의를 향한 개혁을 금지하는 원리다. 슈라는 무슬림 사회에서 발견할 수 있는 다양한 전근대적·전민주적 징표들 가운데 하나일 뿐이다. 정치적 이슬람은 오로지 이슬람 율법인 '샤리아(*Charia*)', 즉 신법을 적용하라는 요구를 강조한다. 그러나 샤리아는 자본주의 작동에 필요한 시장 관계나 사유 재산 등과 관련된 그 어떤 사회 문제도 문제 삼을 수 없는 협소한 개념이다.

아민은 오늘날 정치적 이슬람의 근대화 기획이 공허하다고 결론짓는다. 자본주의의 일반적 관계뿐 아니라 세계자본주의 체제에서 주변부 국가가 처한 특이성 등을 문제 삼지 못하기 때문이다. 오히려 그 기획은 문화주의에 경도되어 세계자본주의 체제와 전혀 갈등하지 않는 유럽중심주의와 완벽하게 공존할 따름이다. 이러한 견지에서 정치적 이슬람의 소위 '급진파'와 '온건파' 사이에는 어떠한 차이도 없다. 이들 모두 신정정치를 구현하는 데 자신이 더 적합하다고 주장할 뿐, 현실자본주의의 모순에 대한 논의를 거부하기 때문이다. 이는 세계의 근대화, 즉 지배 자본을 돕기 위해 자유주의를 세계화하려는 중심부 자본주의의 의지에 완벽히 부합하는 태도다. 따라서 아민은 정치적 이슬람의 본질이 매판 자본주의의 하위 단계에 지나지 않는다고 진단한다.

참고문헌

권형기(1994). "이슬람교 원리주의: 기원과 본질". ≪종교학연구≫, 13, 149-164쪽.

손주영(1993). "이슬람 국가의 정치제도에 관한 연구: 정치원리와 제도적 특성을 중심으로". ≪한국이슬람학회논총≫, 3(1), 115-146쪽.

유정환(2000). "이슬람과 정치: 이슬람 정치질서에 대한 문화론적 해석". ≪한국사회과학연구≫, 21, 91-108쪽.

이희수(2016). "북아프리카 이슬람원리주의 세력의 형성과정과 정치세력화". ≪지중해지역연구≫, 18(4), 131-160쪽.

Akbarzadeh, S.(ed.)(2021). *Routledge Handbook of Political Islam*. Routledge.

Amin, S.(1979). *Classe et nation dans l'histoire et la crise contemporaine*. Minuit.

Amin, S.(1988). *L'eurocentrisme: Critique d'une idéologie*. Anthropos.

Amin, S.(2008). *Modernité, Religions et Démocratie: Critique de l'eurocentrisme, Critique des culturalismes*. Parangon.

Ayubi, N.(1991). *Political Islam: Religion and Politics in the Arab World*. Routledge.

Burgat, F.(2021). *Understanding Political Islam*. Manchester University Press.

Cesari, J.(2018). *What Is Political Islam?*. Lynne Rienner Publishers.

10
절연

유럽은 근대화론에 토대해 주변부의 중심부 '따라잡기'를 양극화 문제의 궁극적 해결책으로 제시한다. 하지만 아민은 이것이 불가능한 기획이라고 단정하며, 오히려 세계자본주의 체제와 '절연'하는 것이 주변부 민족 해방 운동의 궁극적 대안이라고 주장한다.

절연, 혹은 주변부 민족 해방 운동

아민의 유럽중심주의 비판은 세계자본주의 체제가 주변부 사회의 자생적 근대화를 왜곡해 경제적 빈곤과 역사적 왜곡을 초래했다는 문제의식에서 출발한다. 세계자본주의 체제는 중심부의 지배 계급뿐 아니라 노동자도 매혹한다. 세계자본주의 체제하에서 중심부 자본주의는 '자급자족적' 방식으로 성장하는 것이 아니라 '팽창적'이고 '공격적'인 방식, 즉 제국주의적 방식으로 성장한다. 만일 중심부 노동자가 자본주의의 이 팽창성·공격성으로 인해 소득 증대를 경험한다면 그들은 세계자본주의 체제에 대항해 투쟁하기보다는 그것을 옹호하고 찬양할 가능성이 크다. 이러한 경향은 이데올로기나 정치의 영역에서는 다소 유약하지만 대중의 소비 양식이나 생활 패턴의 영역에서는 거의 저항할 수 없는 수준임이 확인된다. 주변부 민중은 이에 대해 어떤 자세를 취해야 하는가?

마르크스의 역사유물론은 자본주의 비판이라는 본연의 임무를 방기하고 현실을 묵인하면서 중심부 자본주의의 팽창성과 공격성을 드러내는 데 한계를 노출한다. '유럽의 노선'이라는 가설을 수용하면서 유럽의 예외성을 무의식중에 인정하며, '역사 발전 5단계론'(원시공산제-고대 노예제-봉건제-자본주의-사회주의)을 명문화하면서 유럽의 역사를 보편화한다. 그리하여 주변부를 포함한 지구상의 모든 사회가 세계자본주의 체제에 통합되어야 한다는 주장에 의문을 제기하지 못하며, 중심부 자본주의의 파괴성이나 약탈성에 노출된 채 유럽중심주의에 매몰되고 만다. 중심부 노동자 역시 제국주의적 잉여를 추구할 뿐만 아니라 그러한 잉여의 혜택을 누리고 있기에 지구적 차원의 재건이 필요함을 인식하지 못한다. 이들 역시 주변부의 중심부 '따라잡기'가 궁극적 해결책이라 주장하며 주변부 민중의 문제를 외면한다.

이 지점에서 아민은 주변부의 중심부 따라잡기가 불가능한 기획이라고 단언한다. 세계적 규모의 자본 축적 과정은 지구상에 존재하는 다양한 사회구성체를 동질화·균질화하기보다는 착취와 침탈을 옹호하면서 불균등화를 조장하기 때문이다. 게다가 전 인류가 서구의 생활양식이나 소비양식을 추종하는 것은 생태학적으로 심각한 문제를 초래할 뿐 아니라, 인구 이동을 제약하는 상황에서 상품 시장과 자본 시장만을 개방하면 결국 자력을 갖춘 소수의 중심부 국가와 그 국민만이 혜택을 볼 것이 자명하다.

이를 토대로 아민은 중심부 사회만을 고려해 독점 자본과 노동자 사이 모순을 강조한 마르크스의 역사유물론적 가정 대신 '중심부 독점 자본'과 '주변부 노동자' 사이 모순을 기본 모순으로 설정하는 대안적인 세계체제론을 모색한다. 또한 계급·생산·소비·이행 등 모든 사항을 세계체제적 수준에서 분석할 것을 요청하며, 그 수준에서 관찰되는 현실자본주의의 모순을 중심부 노동자가 아니라 주변부 노동자에게서 시작되는 혁명, 이른바 '주변부 혁명'으로 혁파할 것을 역설한다.

이를 토대로 아민은 세계자본주의 체제와의 결정적 '절연'을 향해 나아가는 주변부의 민족 해방 운동과, 그러한 절연을 통한 세계사회주의의 성취가 유럽(미주) 중심 자본주의를 극복할 수 있는 궁극적인 대안이라고 요약한다. 주변부 사회가 세계자본주의 체제라는 모순적 체제와 절연하고 그 지배로부터 해방되는 순간에만 주변부 민중뿐 아니라 중심부 노동자 역시 해방될 수 있다고 믿기 때문이다. 아민은 만일 중심부 사회가 유럽자본주의의 역사적 특수성을 인식하지 못한다면, 유럽이 발전시킨 자본주의적 생산양식의 문제점을 인식하지 못한다면, 그러한 자본주의가 인류를 통합하기보다는 분열시키고 양극화했다는 사실을 인정하지 못한다면, 유럽중심주의의 허구는 극복될 수 없다고 단언한다.

참고문헌

강경희(2002). "라틴아메리카의 '세계화' 논쟁". ≪라틴아메리카연구≫, 15(2), 269-281쪽.

강동조(2014). "종속이론: 라틴아메리카 지식인들의 자기 발견". ≪역사와 경계≫, 91, 353-379쪽.

다니엘 벨 지음, 박형신 옮김(2021). ≪자본주의의 문화적 모순≫. 한길사.

안태환(2016). "라틴아메리카의 근대성, 자본주의 대안적 비판담론 연구". ≪코기토≫, 79, 375-407쪽.

Amin, S.(1979). *Classe et nation dans l'histoire et la crise contemporaine*. Minuit.

Amin, S.(1986). *La déconnexion. Pour sortir du système mondial*. La Découverte.

Amin, S.(1988). *L'eurocentrisme: Critique d'une idéologie*. Anthropos.

Amin, S.(2008). *Modernité, Religions et Démocratie: Critique de l'eurocentrisme, Critique des culturalismes*. Parangon.

Bernal, M.(1987). *Black Athena: The Afroasiatic Roots of Classical Civilization*. Rutgers University Press.

Mignolo, W. D.(2007). DELINKING: The rhetoric of modernity, the logic of coloniality and the grammar of de-coloniality. *Cultural Studies*, *21*(2 & 3), pp. 449-514.

Pieterse, J. N.(1994). Delinking or Globalisation?. *Economic and Political Weekly*, *29*(5), pp. 239-242.

사미르 아민(Samir Amin, 1931~2018)

세계자본주의 체제를 비판한 마르크스주의 정치경제학자다. 1931년 이집트 카이로에서 태어났으며, 1957년 파리대학교에서 주변부의 저발전 문제를 파헤친 논문으로 박사 학위를 받았다. 세계자본주의 체제가 중심부와 주변부의 양극화를 초래했을 뿐 아니라 이들 사이 지배와 종속, 착취와 침탈 관계를 더욱 심화했다는 사실을 파고들었다. '유럽중심주의'를 비판하는 사상가로 알려져 있다. 대표 저술로는 ≪세계적 규모의 자본 축적≫(1970), ≪불균등발전≫(1973), ≪유럽중심주의≫(1988) 등이 있다.

최일성

한서대학교 국제관계학과·자유전공학부 교수. 프랑스 파리8대학에서 클로드 레비스트로스의 구조주의 이론을 비판한 논문으로 정치학 박사 학위를 받았다. 논문으로는 “상고르(L. S. Senghor)의 ‘아프리카 사회주의’와 권위주의”(2021), “역사유물론과 유럽중심주의: 사미르 아민(Samir Amin)의 유럽중심주의 비판을 중심으로”(2019), “비서구 저항담론으로서의 세제르(A. Césaire)의 탈식민주의 비평, 그 가능성과 한계”(2018) 등이 있다. 저서로는 ≪세네갈의 역사≫(2023), ≪말리의 역사≫(2019), ≪남아프리카공화국의 역사: 호텐토트의 고향≫(2018) 등이 있으며, 역서로는 ≪유럽중심주의≫(2023, 공역)가 있다. 현재 제3세계의 정치사상에 관한 연구를 진행하고 있다.